Selected Poetry, 1937–1990

Djelal Kadir, *editor*

With translations by
Elizabeth Bishop, Djelal Kadir, Galway Kinnell,
W. S. Merwin, Alastair Reid, Ricardo da Silveira
Lobo Sternberg, Richard Zenith, et al.

JOÃO CABRAL DE MELO NETO

Selected Poetry

1937–1990

Wesleyan University Press
Published by University Press of New England
Hanover and London

Wesleyan University Press
Published by University Press of New England,
Hanover, NH 03755
© 1994 by Wesleyan University
Printed in the United States of America
5 4 3 2 1
CIP data appear at the end of the book

Thanks are due Editora Nova Fronteira for permission to reprint the
Portuguese originals of the poems in this book.

Contents

Preface

This bilingual anthology is the first comprehensive selection in English of João Cabral de Melo Neto's poetry. Cabral's poetic career spans more than half a century. Literary historians generally consider Cabral the most significant poet of the post–World War II generation in Brazil. For the past twenty years, English-speaking readers' acquaintance with him has been primarily through the score of poems gathered by Elizabeth Bishop and Emanuel Brasil in the anthology and translations sponsored by the Academy of American Poets and published by the Wesleyan University Press as *An Anthology of Twentieth-Century Brazilian Poetry* (1972). The present collection takes the Cabral poems in that anthology as its core. The impetus for the expansion of that core into a full-fledged volume came from the poet's selection as laureate of the Neustadt International Prize for Literature in 1992, a prize previously won by Elizabeth Bishop herself and sponsored by *World Literature Today*, the oldest continuously published international literary quarterly in the United States.

João Cabral de Melo Neto was born on 9 January 1920 in Recife. His first extant verses date from the late thirties. Inspired by the minimalist theatrical settings of Pirandello and goaded by the formal preoccupations of the fledgling poet, particularly upon his initial encounter with the surrealism of Apollinaire, these poems were not published until 1990 and are presented here in translation for the first time. These are auspicious exercises that already evince the poet's career-long devotion to the rigors of his craft. They intimate as well his suspicion of inspired states and of poetic lyricism. "Poetry seems to me something much broader," he would declare in a speech to Brazil's Academy of Letters (of which he has been a member since 1968) on the occasion of his acceptance of the Neustadt Prize in 1992. "It is the exploration of the materiality of words and of the possibilities of organization of verbal structures, things that have nothing to do with what is romantically called inspiration, or even intuition."

Cabral is often referred to as "a difficult poet." No one can appreciate that difficulty in the same way as those who have been chastened by the trials of translating his works. Fortunately for the present collection, a good many of the translators are distinguished poets themselves, with their own chastening difficulties as poets. Certainly this is the magnetic relationship Cabral has always had with Elizabeth Bishop. And it is also the challenge that has attracted other first-rank poets and veteran translators, such as W. S. Merwin, Galway Kinnell, James Wright, Louis Simpson, and, more recently for the purposes of this expansion, Alastair Reid and younger poets such as Richard Zenith and Ricardo Sternberg. Finding oneself in such company is indeed humbling. Were it not for the opportunity to check my own translations with the poet himself (his English is graceful), it is quite unlikely that I would have dared join my efforts to those of such an awesome assembly.

Cabral views his poetic calling in humble terms, in those of an unending rehearsal, an exploration, an apprenticeship, an "education." His popularity in Brazil notwithstanding, he is a poet's poet who does not flinch before the obstinate vicissitudes of the wordsmith. And yet, whatever constant may inform Cabral's poetry, it certainly is not a dehumanized formalism or a mechanical abacus of arithmetic prosody. Were this the case, he certainly would no longer be a "difficult" poet. Cabral himself provides the most telling insight into the nature of his difficulty when he characterizes the exercise of poetry "as emotive exploration of the world of things and as rigorous construction of lucid formal structures, lucid objects of language." Fortunately, the present collection offers numerous occasions from Cabral's long career in which such rigorous exercises are at once the subject of his poems, a dem-

onstration of such constructive procedures, and, invariably, un-
mistakable examples of "lucid objects of language." Cabral's
declared associations are also telling. He has translated works by,
written poems to, or, very often, invoked and associated himself
with such poets as Gonzalo de Berceo, George Herbert, Stéphane
Mallarmé, Paul Valéry, T. S. Eliot, W. H. Auden, Marianne
Moore, Elizabeth Bishop, and Richard Wilbur. This is clearly the
compelling genealogy of a special kind of "emotive exploration"
and poetic lucidity.

Rather than dilate further on the way stations of this genealogy
through Cabral's itinerary, I offer instead a synoptic chronology
and a bibliography of his poetic production.

The last time I communicated with Cabral was shortly after his
seventy-fourth birthday, in January 1994. I called Rio de Janeiro
to inquire after his ailing health and to wish him well for the new
year. Our telephonic encounter was a scene worthy of Machado de
Assis, a scene in which Marianne Moore, one of Cabral's oft-
invoked precursors, in all her apocryphal ruses, would have de-
lighted. The strained voice of the weary "housemaid" who an-
swered after numerous rings echoed with Cabral's unmistakable
voice and his own unique lilt of northeastern Brazilian Portuguese.
The plaintive persona spoke to me of "Cabral's" precarious
health, betraying a great deal about solitude and the extremes of
reclusion ("Cabral no longer lives with us, he no longer lives in
Brazil"). I trust "she" has passed along my best wishes to "him."

The completion of this volume owes much to the assistance and
encouragement of numerous colleagues and friends. Silviano San-
tiago, who advocated Cabral's candidacy as a jury member for the
1992 Neustadt Prize, has worked miracles in bridging many fron-
tiers, geographical and otherwise. Sebastião Lacerda, editor of
Nova Fronteira, which publishes Cabral's works in Brazil, has
been gracious in granting us publication rights of the original
poems that face the translations in this volume. Terry Cochran,
then director of the Wesleyan University Press, and the Press staff
have been enthusiastic about this endeavor from the beginning.
My own staff at *World Literature Today* has been most helpful and

encouraging. After the poet, the translators themselves, of course, are the ones who have made this volume possible. Finally, the support of Allece Garrard, whose generosity underwrote the new translations, is gratefully acknowledged.

Norman, Oklahoma   Dj.K.
7 February 1994

Chronology

1920 Born 9 January in Recife to Luis Cabral de Melo and Carmen Carneiro Leão.

1942 Moves to Rio de Janeiro. Publication of his first verse collection, *Pedra do sono* (Stone of sleep).

1945 Joins the diplomatic service. Publication of his second book of verse, *O engenheiro* (The engineer).

1947 Publishes a trilogy on poetry and poetics, *Psicologia da composição* (Psychology of composition). Assigned to first diplomatic post: Barcelona, Spain.

1950 Publication of verse collection *O cão sem plumas* (The dog without feathers) and a monograph on the painter Joan Miró. Posted to the Brazilian mission in London.

1954 His collection *O rio* (The river) is awarded the Premio José Anchieta in an open poetry competition commemorating the fourth centenary of the city of São Paulo.

1956 Publication of previous work in collective form as *Duas águas* (Two waters), with the addition of *Paisagens com figuras* (Landscapes with figures), *Uma faca só lâmina* (*A Knife All Blade*), and his most widely read and most translated work, *Morte e vida severina* ("Death and Life of a Severino").

1960 Publication of verse collection *Quaderna* (Four-spot).

1961 Appointed to cabinet position as head of Brazil's Ministry of Agriculture.

1964 Returns to diplomatic service and is posted to Geneva, Switzerland.

1966 Publication of *Educação pela pedra* (Education by stone). A theatrical production of *Morte e vida severina* is awarded a prize at the theater festival of Nancy, France. Appointed consul general to Barcelona.

1968 Elected to the Brazilian Academy of Letters.

1970 Posted to the Brazilian embassy in Asunción, Paraguay.

1972 Appointed ambassador to Senegal, where he serves until 1978.

1980 Publication of verse collection *A escola das facas* (The school of knives).

1982 Appointed ambassador to Honduras. Publication of *Poesia crítica,* a collection of his poetry dealing with the poetic process.

1984 Publication of *Auto do frade* (The friar's way).

1985 Publication of *Agrestes* (the name of a barren region in northeastern Brazil).

1987 Publication of *Crime na Calle Relator* (Crime on Relator Street). Retires from diplomatic service.

1988 Takes up residence in Rio de Janeiro. Publication of two verse collections, *Museu de tudo e depois* (Museum of everything and afterward) and *Poemas pernambucanos* (Poems of Pernambuco).

1989 Publication of *Sevilha andando* (Seville walking).

1991 Awarded the Camões Prize.

1992 Selected by an international jury of writers as the twelfth laureate of the Neustadt International Prize for Literature (March); awarded the prize in ceremonies at the Brazilian Academy of Letters in Rio de Janeiro (August). Receives the State of São Paulo Literary Prize (August).

Primeiros poemas

Pirandello I

A paisagem parece um cenário de teatro.
É uma paisagem arrumada.
Os homens passam tranqüilamente
com a consciência de que estão representando.
Todos passam indiferentes
como se fosse a vida ela mesma.
O cachorro que atravessa a rua
e que deveria ser faminto
tem um ar calmo de sesta.
A vida ela própria não parece representada:
as nuvens correm no céu
mas eu estou certo de que a paisagem é artificial
eu que conheço a ordem do diretor:
—Não olhem para a objetiva!
e sei que os homens são grandes artistas
o cachorro é um grande artista.

Pirandello I

The landscape is like a stage set.
It is a designed landscape.
Men go by calmly
conscious that they act.
All go by with indifference
as if life was playing itself.
The dog that crosses the street
and should have been hungry
has a tranquil, sleepy look.
Life itself does not seem enacted:
clouds are running in the sky
but I am sure the landscape is artificial
since I know the director's command:
—Do not look at the camera!
and I know that men are great actors,
the dog is a great actor.

Translated by Ricardo da Silveira Lobo Sternberg

Pirandello II

Sei que há milhares de homens
se confundindo neste momento.
O diretor apoderou-se de todas as consciências
num saco de víspora.
Fez depois uma multiplicação
que não era bem uma multiplicação de pães
de um por dez por quarenta mil.
Tinha um gesto de quem distribui flores.
A mim me coube um frade
um pianista e um carroceiro.
Eu era um artista fracassado
que correra todos os bastidores
vivia cansado como os cavalos dos que não são heróis
serei um frade
um carroceiro e um pianista
e terei de me enforcar três vezes.

Pirandello II

I know there are millions of men
mixing themselves up this moment.
The director took hold of all consiousnesses
and keeps them in this bag of hornets.
Then he multiplied them
not quite as bread was multiplied
by ten, by forty thousand.
His gesture was as if distributing flowers.
A monk, a pianist, a wagon driver was my lot.
I was a failed artist
who had exhausted all the backstages
I felt as tired as the horses
of those who are not heroes
I will be a monk
a wagon driver and a pianist
and I shall have to hang myself three times.

Translated by Ricardo da Silveira Lobo Sternberg

Poesia

Deixa falar todas as coisas visíveis
deixa falar a aparência das coisas que vivem no tempo
deixa, suas vozes serão abafadas.
A voz imensa que dorme no mistério sufocará a todas.
Deixa, que tudo só frutificará
na atmosfera sobrenatural da poesia.

Poetry

Allow all visible things to speak
allow the surface of all that lives in time to speak
allow this: their voices shall be muffled.
The enormous voice asleep in the mystery
will choke off all other voices.
Allow this, for everything will bear fruit
only in the supernatural atmosphere of poetry.

Translated by Ricardo da Silveira Lobo Sternberg

Poema

Deixa que no teu pensamento viajem apenas
os pensamentos que estiveram presentes
na cabeça do primeiro homem
quando ele foi ao teatro.
As estradas em *long-shot* todas
se reuniram numa só estrada
que corria entre representações ideais
e que ele descobriu estarem presentes
na retina do primeiro homem
quando ele foi ao teatro.

Poem

Let only the thoughts present
in the head of the first man
when he went to the theater
travel in your own thoughts.
The roads, all filmed in *longshots*
came together in a single road
that ran between ideal performances
and that he discovered to be present
in the retina of the first man
when he went to the theater.

Translated by
Ricardo da Silveira Lobo Sternberg

Pedra do sono

Homem falando no escuro

Dentro da noite ao meu lado
grandes contemplações silenciosas;
dentro da noite, dentro do sonho
onde os espaços e o silêncio se confundem.

Um gesto corria do princípio
batendo asas que feriam de morte.
Eu me sentia simultaneamente adormecer
e despertar para as paisagens mais quotidianas.

Não era inconfessável que eu fizesse versos
mas juntos nos libertávamos a cada novo poema.
Apenas transcritos eles nunca foram meus,
e de ti nada restava para as cidades estrepitosas.

Só os sonhos nos ocupam esta noite,
nós dois juntos despertamos o silêncio.
Dizia-se que era preciso uma inundação,
mas nem mesmo assim uma estrela subiu.

A Man Speaking in the Dark

Within the night at my side
great silent contemplation;
within the night, within the dream
where space and silence are one.

A movement started up from the beginning,
with a beating of wings that were the wings of death.
I felt myself asleep and simultaneously
awake to all the scenes of every day.

I did not mind admitting that I wrote verses
but together we freed ourselves from each new poem.
No sooner written than they were not mine
and nothing of you remained for the clamoring cities.

Only our dreams matter to us this night.
We two together waken the silence.
It was said that what was needed was a flood,
but not even a single star rose up.

Translated by Alastair Reid

Espaço jornal

No espaço jornal
a sombra come a laranja
a laranja se atira no rio,
não é um rio, é o mar
que transborda de meu ôlho.

No espaço jornal
nascendo do relógio
vejo mãos, não palavras,
sonho alta noite a mulher
tenho a mulher e o peixe.

No espaço jornal
esqueço o lar o mar
perco a fome a memória
me suicido inútilmente
no espaço jornal.

Daily Space

In the daily space
the shadow eats the orange
the orange throws itself into the river,
it's not a river, it's the sea
overflowing from my eye.

In the daily space
born out of the clock
I see hands not words,
late at night I dream up the woman,
I have the woman and the fish.

In the daily space
I forget the home the sea
I lose hunger memory
I kill myself uselessly
in the daily space.

Translated by W. S. Merwin

Janelas

Há um homem sonhando
numa praia; um outro
que nunca sabe as datas;
há um homem fugindo
de uma árvore; outro que perdeu
seu barco ou seu chapéu;
há um homem que é soldado;
outro que faz de avião;
outro que vai esquecendo
sua hora seu mistério
seu mêdo da palavra véu;
e em forma de navio
há ainda um que adormeceu.

Windows

Here is a man dreaming
along the beach. Another
who never remembers dates.
Here is a man running away
from a tree; here is another
who's lost his boat, or his hat.
Here is a man who is a soldier;
another pretending to be an airplane;
another forgetting
his hour, his mystery
his fear of the word veil,
and in the shape of a ship,
here still is another who fell asleep.

Translated by Jean Valentine

Poema

Meus olhos têm telescópios
espiando a rua,
espiando minha alma
longe de mim mil metros.

Mulheres vão e vêm nadando
em rios invisíveis.
Automóveis como peixes cegos
compõem minhas visões mecânicas.

Há vinte anos não digo a palavra
que sempre espero de mim.
Ficarei indefinidamente contemplando
meu retrato eu morto.

Poem

My eyes have telescopes
trained on the street
trained on my soul
a mile away.

Women come and go swimming
in invisible rivers.
Cars like blind fish
compose my mechanical visions.

For twenty years I've not said the word
I always expect from me.
I'll go on indefinitely gazing
at the portrait of me, dead.

Translated by W. S. Merwin

Dentro da perda da memória

A José Guimarães de Araújo

Dentro da perda da memória
uma mulher azul estava deitada
que escondia entre os braços
desses pássaros friíssimos
que a lua sopra alta noite
nos ombros nus do retrato.

E do retrato nasciam duas flores
(dois olhos dois seios dois clarinetes)
que em certas horas do dia
cresciam prodigiosamente
para que as bicicletas de meu desespero
corressem sôbre seus cabelos.

E nas bicicletas que eram poemas
chegavam meus amigos alucinados.
Sentados em desordem aparente,
ei-los a engolir regularmente seus relógios
enquanto o hierofante armado cavaleiro
movia inutilmente seu único braço.

Within the Loss of Memory

To José Guimarães de Araújo

Within the loss of memory
a blue woman reclined
hiding in her arms one
of those cold birds
that the moon floats late at night
on the naked shoulders of the portrait.

And from the portrait two flowers grew
(two eyes two breasts two clarinets)
that at certain hours of the day
grew prodigiously
so that the bicycles of my desperation
might run over her hair.

And on the bicycles that were poems
my hallucinated friends arrived.
Seated in apparent disorder
swallowing their watches with regularity
while the hierophant armed as horseman
uselessly moved his lone arm.

Translated by Djelal Kadir

Noturno

O mar soprava sinos
os sinos secavam as flores
as flores eram cabeças de santos.

Minha memória cheia de palavras
meus pensamentos procurando fastasmas
meus pesadelos atrasados de muitas noites.

De madrugada, meus pensamentos soltos
voaram como telegramas
e nas janelas acesas toda a noite
o retrato da morta
fez esforços desesperados para fugir.

Nocturne

The sea blew bells
the bells dried the flowers
the flowers were heads of saints.

My memory full of words
my thoughts seeking phantoms
my nightmares many nights overdue.

At dawn, my thoughts set free
flew like telegrams
and in windows lit through the night
the portrait of the dead woman
struggled desperately to flee.

Translated by Djelal Kadir

O engenheiro

A lição de poesia

1.

Tôda a manhã consumida
como um sol imóvel
diante da fôlha em branco:
princípio do mundo, lua nova.

Já não podias desenhar
sequer uma linha;
um nome, sequer uma flor
desabrochava no verão da mesa:

nem no meio-dia iluminado,
cada dia comprado,
do papel, que pode aceitar,
contudo, qualquer mundo.

2.

A noite inteira o poeta
em sua mesa, tentando
salvar da morte os monstros
germinados em seu tinteiro.

Monstros, bichos, fantasmas
de palavras, circulando,
urinando sôbre o papel,
sujando-o com seu carvão.

Carvão de lápis, carvão
da idéia fixa, carvão
da emoção extinta, carvão
consumido nos sonhos.

The Lesson of Poetry

1.

The entire morning spent
like a motionless sun
before the blank page:
beginning of the world, new moon.

You could no longer trace
so much as a line;
neither name nor flower
bloomed in the table's summer.

not even in the paper's midday
brightness, paid for
daily (even though paper
accepts any kind of world).

2.

All night the poet
at his desk, trying
to save from death the monsters
germinated in his inkwell.

Monsters, worms, phantoms
of words—meandering,
urinating on the paper,
smearing it with their carbon.

Carbon from the pencil, carbon
of obsessions, carbon
of extinct emotions, carbon
consumed in dreams.

3.

A luta branca sôbre o papel
que o poeta evita,
luta branca onde corre o sangue
de suas veias de água salgada.

A física do susto percebida
entre os gestos diários;
susto das coisas jamais pousadas
porém imóveis—naturezas vivas.

E as vinte palavras recolhidas
nas águas salgadas do poeta
e de que se servirá o poeta
em sua máquina útil.

Vinte palavras sempre as mesmas
de que conhece o funcionamento,
a evaporação, a densidade
menor que a do ar.

3.

White struggle on the paper
which the poet resists,
white struggle of blood
flowing from his saltwater veins.

The physics of fear discerned
in daily gestures; fear
of things that never alight and yet
are immobile—unstill still lifes.

And the twenty words collected
in the saltwater of the poet,
to be used by the poet
in his efficient machine.

Always the same twenty words
he knows so well: their operation,
their evaporation, their density
less than the air's.

Translated by Richard Zenith

O fim do mundo

No fim de um mundo melancólico
os homens lêem jornais.
Homens indiferentes a comer laranjas
que ardem como o sol.

Me deram uma maçã para lembrar
a morte. Sei que cidades telegrafam
pedindo querosene. O véu que olhei voar
caíu no deserto.

O poema final ninguém escreverá
dêsse mundo particular de doze horas.
Em vez de juízo final a mim me preocupa
o sonho final.

The End of the World

At the end of a melancholy world
men read the newspapers.
Indifferent men eating oranges
that flame like the sun.

They gave me an apple to remind me
of death. I know that cities telegraph
asking for kerosene. The veil I saw flying
fell in the desert.

No one will write the final poem
about this private twelve o'clock world.
Instead of the last judgment, what worries me
is the final dream.

Translated by James Wright

As nuvens

As nuvens são cabelos
crescendo como rios;
são os gestos brancos
da cantora muda;

são estátuas em vôo
à beira de um mar;
a flora e a fauna leves
de países de vento;

são o ôlho pintado
escorrendo imóvel;
a mulher que se debruça
nas varandas do sono;

são a morte (a espera da)
atrás dos olhos fechados;
a medicina, branca!
nossos dias brancos.

The Clouds

The clouds are hair
rising like rivers;
are the white gestures
of the mute singer;

are statues in flight
at the edge of a sea
light fauna and flora
of countries of wind;

are the painted eye
sliding motionless;
the woman who leans
on the edges of sleep;

are the death (the awaited for)
behind the closed eyes;
the remedy, white!
our white days.

Translated by Ashley Brown

Psicologia da composição

Psicologia da composição

A Antônio Rangel Bandeira

I

Saio de meu poema
como quem lava as mãos.

Algumas conchas tornaram-se,
que o sol da antenção
cristalizou; alguma palavra
que desabrochei, como a um pássaro.

Talvez alguma concha
dessas (ou pássaro) lembre,
côncava, o corpo do gesto
extinto que o ar já preencheu;

talvez, como a camisa
vazia, que despi.

Psychology of Composition

For Antônio Rangel Bandeira

I

I exit from my poem
like one who washes his hands.

A few shells turned, crystallized
by the sun of attention: a few words
that I have set free as I might a bird.

Perhaps one of those shells
(or birds) might remember,
concave, the body of the dead
gesture already filled by the air;

perhaps, like the empty
shirt that I have shed.

Translated by Djelal Kadir

II

A Lêdo Ivo

Esta folha branca
me proscreve o sonho,
me incita ao verso
nítido e preciso.

Eu me refugio.
nesta praia pura
onde nada existe
em que a noite pouse.

Como não há noite
cessa toda fonte;
como não há fonte
cessa toda fuga;

como não há fuga
nada lembra o fluir
de meu tempo, ao vento
que nele sopra o tempo.

II

For Lêdo Ivo

This white page
proscribes my sleep,
inciting me to
clear and precise verse.

I take refuge
in this pure beach
where nothing exists
for the night to perch on.

Since there is no night
all fountains cease;
since there is no fountain
every flight ceases;

since there is no flight
nothing remembers the flowing
of my time, in the wind
in which time blows.

Translated by Djelal Kadir

III

Neste papel
pode teu sal
virar cinza;
pode o limão
virar pedra;
o sol da pele,
o trigo do corpo
virar cinza.

(Teme, por isso,
a jovem manhã
sobre as flores
da véspera).
Neste papel
logo fenecem
as roxas, mornas
flôres morais;
todas as fluidas
flôres da pressa;
todas as úmidas
flôres do sonho.

(Espera, por isso,
que a jovem manhã
te venha revelar
as flôres da véspera).

III

On this paper
your salt could
turn to ashes;
the lemon could
turn to stone;
the epidermic sun,
the body's wheat
turn to ashes.

(Fear, then, the young morning
on the evening flowers.)
On this paper
soon the violet, dull
moral blossoms wilt;
all the fluid
blooms of haste;
all the humid
flowers of dream.

(Wait, then,
for the young morn
to come reveal to you
the evening flowers.)

Translated by Djelal Kadir

IV

O poema, com seus cavalos,
quer explodir
teu tempo claro; romper
seu branco fio, seu cimento
mudo e fresco.

(O descuido ficara aberto
de par em par;
um sonho passou, deixando
fiapos, logo árvores instantâneas
coagulando a preguiça).

IV

The poem, with its horses,
wants to explode
your clear time; break
its white yarn,
its mute and cool concrete.

(Carelessness lies wide open;
a dream passed, leaving thin threads,
then instantaneous trees
curdling into sloth.)

Translated by Djelal Kadir

V

Vivo com certas palavras,
abelhas domésticas.

Do dia aberto
(branco guarda-sol)
esses lúcidos fusos retiram
o fio de mel
(do dia que abriu
também como flor)
que na noite
(poço onde vai tombar
a aérea flor)
persistirá: louro
sabor, e ácido,
contra o açúcar do podre.

V

I live with certain words,
household bees.

From the clear day
(white parasol)
those lucid spindles
retrieve the filaments of honey
(from the day that unfolded
also like a flower)
that by night
(pit where the aerial
flower goes to rest)
will persist: golden
taste, and sour,
against the sugar of putrefaction.

Translated by Djelal Kadir

VI

Não a forma encontrada
como uma concha, perdida
nos frouxos areais
como cabelos;

não a forma obtida
em lance santo ou raro,
tiro nas lebres de vidro
do invisível;

mas a forma atingida
como a ponta do novelo
que a atenção, lenta,
desenrola,

aranha; como o mais extremo
desse fio frágil, que se rompe
ao peso, sempre, das mãos
enormes.

VI

Not the found form
like a seashell, lost
in the sandy tides
like hair;

not the form gotten
by holy and strange casting,
by shot at phantom hares
of the invisible;

but the form attained
like the end of a ball of yarn
that slowly unwinds
one's attention,

spider; like the furthest end
of that fragile thread that breaks,
always, at the tug of enormous
hands.

Translated by Djelal Kadir

VII

É mineral o papel
onde escrever
o verso; o verso
que é possível não fazer.

São minerais
as flores e as plantas,
as frutas, os bichos
quando em estado de palavra.

É mineral
a linha do horizonte,
nossos nomes, essas coisas
feitas de palavras.

É mineral, por fim,
qualquer livro:
que é mineral a palavra
escrita, a fria natureza
da palavra escrita.

VII

The paper on which
to write the verse
is inorganic; the verse
that it is possible not to produce.

Inorganic are
the flowers and the plants,
the fruits, the creatures
when they are in a state of words.

Inorganic is
the line of the horizon,
our names, those things
made of words.

Inorganic, finally, is
any book:
because inorganic is the written
word, the cold nature

of the written word.

Translated by Djelal Kadir

VIII

Cultivar o deserto
como um pomar às avessas.

(A árvore destila
a terra, gota a gota;
a terra completa
cai, fruto!

Enquanto na ordem
de outro pomar
a atenção destila
palavras maduras).

Cultivar o deserto
como um pomar às avessas:
então, nada mais
destila; evapora;
onde foi maçã
resta uma fome;

onde foi palavra
(potros ou touros
contidos) resta a severa
forma do vazio.

VIII

To cultivate the desert
like an orchard in reverse.

(The tree distils
the earth, drop by drop;
the whole earth
drops, fruit!

While in the order
of another kind of orchard
attention distils
ripe words.)

To cultivate the desert
like an orchard in reverse:
then, nothing more
distils; evaporates;
where there was an apple
a hunger remains;

where there was a word
(colts or bulls contained)
the severe form
of emptiness remains.

Translated by Djelal Kadir

O cão sem plumas

A Joaquim Cardozo, poeta do Capibaribe

I

(Paisagem do Capibaribe)

§   A cidade é passada pelo rio
como uma rua
é passada por um cachorro;
uma fruta
por uma espada.

§   O rio ora lembrava
a língua mansa de um cão,
ora o ventre triste de um cão,
ora o outro rio
de aquoso pano sujo
dos olhos de um cão.

§   Aquêle rio
era como um cão sem plumas.
Nada sabia da chuva azul,
da fonte côr de rosa,
da água do copo de água,
da água de cântaro,
dos peixes de água,
da brisa na água.

§   Sabia dos caranguejos
de lodo e ferrugem.
Sabia da lama
como de uma mucosa.
Devia saber dos polvos.
Sabia seguramente
da mulher febril que habita as ostras.

§   Aquêle rio
jamais se abre aos peixes,

I

(Landscape of the Capibaribe River)

§   The city is crossed by the river
      as a street
      is crossed by a dog,
      a piece of fruit
      by a sword.

§   The river called to mind
      a dog's docile tongue,
      or a dog's sad belly,
      or that other river
      which is the dirty wet cloth
      of a dog's two eyes.

§   The river was
      like a dog without feathers.
      It knew nothing of the blue rain,
      of the rose-colored fountain,
      of the water in a water glas,
      of the water in pitchers,
      of the fish in the water,
      of the breeze on the water.

§   It knew the crabs
      of mud and rust.
      It knew silt
      like a mucous membrane.
      It must have known the octopus,
      and surely knew
      the feverish woman living in oysters.

§   The river
      never opens up to fish,

ao brilho,
à inquietação de faca
que há nos peixes.
Jamais se abre em peixes.

§   Abre-se em flôres
pobres e negras
como negros.
Abre-se numa flora
suja e mais mendiga
como são os mendigos negros.
Abre-se em mangues
de fôlhas duras e crespos
como um negro.

§   Liso como o ventre
de uma cadela fecunda,
o rio cresce
sem nunca explodir.
Tem, o rio,
um parto fluente e invertebrado
como o de uma cadela.

§   E jamais o vi ferver
(como ferve
o pão que fermenta).
Em silêncio,
o rio carrega sua fecundidade pobre,
grávido de terra negra.

§   Em silêncio se dá:
em capas de terra negra.
em botinas ou luvas de terra negra
para o pé ou a mão
que mergulha.

to the shimmer,
to the knifely unrest
existing in fish.
It never opens up in fish.

§   It opens up in flowers,
poor and black
like black men and women.
It opens up into a flora
as squalid and beggarly
as the blacks who must beg.
It opens up in hard-leafed
mangroves, kinky
as a black man's hair.

§   Smooth like the belly
of a pregnant dog,
the river swells
without ever bursting.
The river's childbirth
is like a dog's,
fluid and invertebrate.

§   And I never saw it seethe
(as bread when rising
seethes).
In silence
the river bears its bloating poverty,
pregnant with black earth.

§   It yields in silence:
in black earthen capes,
in black earthen boots or gloves
for the foot or hand
that plunges in.

§ Como às vêzes
passa com os cães,
parecia o rio estagnar-se.
Suas águas fluíam então
mais densas e mornas;
fluíam com as ondas
densas e mornas
de uma cobra.

§ Êle tinha algo, então,
da estagnação de um louco.
Algo da estagnação
do hospital, da penitenciária, dos asilos,
da vida suja e abafada
(de roupa suga e abafada)
por onde se veio arrastando.

§ Algo da estagnação
dos palácios cariados,
comidos
de môfo e erva-de-passarinho.
Algo da estagnação
das árvores obesas
pingando os mil açúcares
das salas de jantar pernambucanas,
por onde se veio arrastando.

§ (É nelas,
mas de costas para o rio,
que "as grandes famílias espirituais" da cidade
chocam os ovos gordos
de sua prosa.
Na paz redonda das cozinhas,
ei-las a revolver viciosamente
seus caldeirões
de preguiça viscosa).

§ As sometimes happens
with dogs, the river
seemed to stagnate.
Its waters would turn
thicker and warmer,
flowing with the thick
warm waves
of a snake.

§ It had something
of a crazy man's stagnation.
Something of the stagnation
of hospitals, prisons, asylums,
of the dirty and smothered life
(dirty, smothering laundry)
it trudged through.

§ Something of the stagnation
of decayed palaces,
eaten
by mold and mistletoe.
Something of the stagnation
of obese trees
dripping a thousand sugars
from the Pernambuco dining rooms
it trudged through.

§ (It is there,
with their backs to the river,
that the city's "cultured families"
brood over the fat eggs
of their prose.
In the complete peace of their kitchens
they viciously stir
their pots
of sticky indolence.)

§ Seria a água daquele rio
  fruta de alguma árvore?
  Por que parecia aquela
  uma água madura?
  Por que sôbre ela, sempre,
  como que iam pousar moscas?

§ Aquêle rio
  saltou alegre em alguma parte?
  Foi canção ou fonte
  em alguma parte?
  Por que então seus olhos
  vinham pintados de azul
  nos mapas?

§   Could the river's water
     be the fruit of some tree?
     Why did it seem
     like ripened water?
     Why the flies always
     above it, as if about to land?

§   Did any part of the river
     ever cascade in joy?
     Was it ever, anywhere,
     a song or fountain?
     Why then
     were its eyes painted blue
     on maps?

                Translated by Richard Zenith

Paisagens com figuras

O vento no canavial

Não se vê no canavial
nenhuma planta com nome,
nenhuma planta maria,
planta com nome de homem.

É anônimo o canavial,
sem feições, como a campina;
é como um mar sem navios,
papel em branco de escrita.

É como um grande lençol
sem dobras e sem bainha;
penugem de môça ao sol,
roupa lavada estendida.

Contudo há no canavial
oculta fisionomia:
como em pulso de relógio
há possível melodia,

ou como de um avião
a paisagem se organiza,
ou há finos desenhos nas
pedras da praça vazia.

Se venta no canavial
estendido sob o sol
seu tecido inanimado
faz-se sensível lençol,

se muda em bandeira viva,
de côr verde sôbre verde,

The Wind in the Canefield

There is in the canefield
no plant with a name,
no plant called Maria,
no plant with a man's name.

The canefield is anonymous,
plain-faced like the prairie,
like an ocean without ships,
a blank sheet of paper.

It is like a large bedsheet
without folds or hems,
a girl's downy skin in the sun,
clothes spread out to dry.

Yet hidden in the canefield
there is a physiognomy,
as in a watch's ticking
there is a potential melody,

as from a plane the landscape
reveals an organization,
as bricks in an empty plaza
can trace a graceful pattern.

Whenever the wind blows over
the canefield stretched out under
the sun, its inanimate fabric
becomes a sensitive bedsheet:

it changes into a living
flag of green on green,

com estrêlas verdes que
no verde nascem, se perdem.

Não lembra o canavial
então, as praças vazias:
não tem, como têm ás pedras,
disciplina de milícias.

É sôlta sua simetria:
como a das ondas na areia
ou as ondas da multidão
lutando na praça cheia.

Então, é da praça cheia
que o canavial é a imagem:
vêem-se as mesmas correntes
que se fazem e desfazem,

voragens que se desatam.
redemoinhos iguais,
estrelas iguais àquelas
que o povo na praça faz.

with green stars born
and lost in the greenness.

The canefield then no longer
resembles empty plazas:
it does not have, like the stones,
the discipline of armies.

Its symmetry is jagged,
like that of waves on sand
or of the waves of people
vying in the crowded plaza.

Yes, the teeming plaza
is what the canefield mirrors
with its similar currents
arising and subsiding—

undercurrents which, surging,
make whirlpools like the ones
crowds form, stars like those
the people in the plaza compose.

Translated by Richard Zenith

Cemitério pernambucano

(Nossa Senhora da Luz)

Nesta terra ninguém jaz,
pois também não jaz um rio
noutro rio, nem o mar
é cemitério de rios.

Nenhum dos mortos daqui
vem vestido de caixão.
Portanto, êles não se enterram,
são derramados no chão.

Vêm em rêdes de varandas
abertas ao sol e á chuva.
Trazem suas próprias môscas.
O chão lhes vai como luva.

Mortos ao ar-livre, que eram,
hoje à terra-livre estão.
São tão da terra que a terra
nem sente sua intrusão.

Cemetery in Pernambuco
(Our Lady of Light)

Nobody lies in this earth
because no river is at rest
in any other river, nor is the sea
a potter's field of rivers.

None of these dead men here
comes dressed in a coffin.
Therefore they are not buried
but spilled out on the ground.

Wrapped in the hammocks they slept in,
exposed to sun and rain,
they come bringing their own flies.
The ground fits them like a glove.

Dead, they lived in the open air.
Today they inhabit open earth,
so much the earth's that the earth
does not feel their intrusion.

Translated by Jane Cooper

Cemitério pernambucano

(São Lourenço da Mata)

É cemitério marinho
mas marinho de outro mar.
Foi aberto para os mortos
que afoga o canavial.

As covas no chão parecem
as ondas de qualquer mar,
mesmo as de cana, lá fora,
lambendo os muros de cal.

Pois que os carneiros de terra
parecem ondas de mar,
não levam nomes: uma onda
onde se viu batizar?

Também marinho: porque
as caídas cruzes que há
são menos cruzes que mastros
quando a meio naufragar.

Cemetery in Pernambuco

(St. Lawrence of the Woods)

This is a marine cemetery
but marine of some other sea.
It was opened for the dead
drowned by the canefield.

The hollows in the dirt seem
the waves of any sea—
even waves of sugarcane lapping,
those whitewashed walls out there.

Because the graves of earth
seem waves of sea
they have no names: where
was a wave ever christened?

Marine also: because
the fallen crosses you see
are less crosses than masts
already half shipwrecked.

Translated by Jane Cooper

Encontro com um poeta

Em certo lugar da Mancha
onde mais dura é Castela,
sob as espécies de um vento
soprando armado de areia,
vim supreender a presença,
mais do que pensei, severa,
de certo Miguel Hernández,
hortelão de Orihuela.
A voz dêsse tal Miguel,
entre palavras e terra
indecisa, como em Fraga
as casas o estão da terra,
foi um dia arquitetura,
foi voz métrica de pedra,
tal como, cristalizada,
surge Madrid a quem chega.
Mas a voz que percebi
no vento da parameira
era de terra sofrida
e batida, terra de eira.
Não era a voz expurgada
de suas obras seletas:
era uma edição do vento,
que não vai às bibliotecas,
era uma edição incômoda,
a que se fecha a janela,
incômoda porque o vento
não censura mas libera.
A voz que então percebi
no vento da parameira
era aquela voz final
de Miguel, rouca de guerra
(talvez ainda mais aguda

Encounter with a Poet

In a certain place in La Mancha
where the Castilian plain is hardest,
in the midst of a stiff blowing
wind armed with sand,
I happened upon the presence,
severer than I had imagined,
of one Miguel Hernández,
a farmer of Orihuela.
The voice of this Miguel,
hanging between word and earth,
the same uncertain earth
houses in Fraga are made of,
was once an architecture,
a metric voice of stone,
crystallized the way
Madrid is to newcomers.
But the voice I discerned
in the highland wind
was of tortured, beaten earth,
the earth of a threshing floor—
not the expurgated voice
of the poet's selected works
but an edition of the wind,
not found in libraries.
It was a disturbing edition,
to which many shut the window
(disturbing because the wind
frees instead of censuring).
The voice that I heard
in the wind of the highland
was Miguel's final voice
gone hoarse from war
(perhaps even harsher

no sotaque da poeira;
talvez mais dilacerada
quando o vento a interpreta).
Vi então que a terra batida
do fim da vida do poeta,
terra que de tão sofrida
acabou virando pedra,
se havia multiplicado
naquelas facas de areia
e que, se multiplicando,
multiplicara as arestas.
Naquela edição do vento
senti a voz mais direta:
igual que árvore amputada,
ganhara gumes de pedra.

in the dialect of dust;
perhaps more mutilated
in the wind's interpretation).
I saw that the beaten land
of the end of the poet's life,
land turned to stone
from so much suffering,
had multiplied itself
in those knives of sand
and had, in the process,
multiplied its edges.
In that edition of the wind
the voice directly touched me—
it had gained blades of stone,
like an amputated tree.

Translated by Richard Zenith

Uma faca só lâmina

Uma faca só lâmina

Para Vinícius de Moraes

Assim como uma bala
enterrada no corpo.
fazendo mais espêsso
um dos lados do morto;

assim como uma bala
do chumbo mais pesado,
no músculo de um homem
pesando-o mais de um lado;

qual bala que tivesse
um vivo mecanismo,
bala que possuísse
um coração ativo

igual ao de um relógio
submerso em algum corpo,
ao de um relógio vivo
e também revoltoso,

relógio que tivesse
o gume de uma faca
e tôda a impiedade
de lâmina azulada;

assim como uma faca
que sem bôlso ou bainha
se transformasse em parte
de vossa anatomia;

qual uma faca íntima
ou faca de uso interno,

A Knife All Blade

For Vinícius de Moraes

Like a bullet
buried in flesh
weighting down one side
of the dead man,

like a bullet
made of the heaviest lead
lodged in some muscle
making the man tip to one side,

like a bullet fired
from a living machine
a bullet that had
its own heartbeat,

like a clock's
beating deep down in the body
of a clock who once lived
and rebelled,

clock whose hands
had knife-edges
and all the pitilessness
of blued steel.

Yes, like a knife
without pocket or sheath
transformed into part
of your anatomy,

a most intimate knife
a knife for internal use

habitando num corpo
como o próprio esqueleto

de um homem que o tivesse,
e sempre, doloroso,
de homem que se ferisse
contra seus próprios ossos.

[This is the first of eleven sections.]

inhabiting the body
like the skeleton itself

of a man who would own it,
in pain, always in pain,
of a man who would wound himself
against his own bones.

Translated by Galway Kinnell

Morte e vida severina

Morte e vida severina

(Auto de Natal pernambucano, 1954–1955)

I

O RETIRANTE EXPLICA AO LEITOR QUEM É E A QUE VAI

—O meu nome é Severino,
não tenho outro de pia.
Como há muitos Severinos,
que é santo de romaria,
deram então de me chamar
Severino de Maria;
como há muitos Severinos
com mães chamadas Maria,
fiquei sendo o da Maria
do finado Zacarias.
Mas isso ainda diz pouco:
há muitos na freguesia,
por causa de um coronel
que se chamou Zacarias
e que foi o mais antigo
senhor desta sesmaria.
Como então dizer quem fala
ora a Vossas Senhorias?
Vejamos: é o Severino
da Maria do Zacarias,
lá da serra da Costela,
limites da Paraíba.
Mas isso ainda diz pouco:
se ao menos mais cinco havia
com nome de Severino
filhos de tantas Marias
mulheres de outros tantos,
já finados, Zacarias,

The Death and Life of a Severino

A Pernambuco Christmas Play, 1954–1955

I

—My name is Severino,
  I have no Christian name.
  There are lots of Severinos
  (a saint of pilgrimages)
  so they began to call me
  Maria's Severino.
  There are lots of Severinos
  with mothers called Maria,
  so I became Maria's
  of Zacarias, deceased.
  But still this doesn't tell much:
  there are many in the parish
  because of a certain colonel★
  whose name was Zacarias
  who was the very earliest
  senhor of this region.
  Then how explain who's speaking
  to Your Excellencies?
  Let's see: the Severino
  of Maria of Zacarias,
  from the Mountain of the Rib,
  at the end of Paraiba.
  But still this doesn't mean much.
  There were at least five more
  with the name of Severino,
  sons of so many Marias,
  wives of so many other
  Zacariases, deceased,

★"Colonel" means any big landowner, not necessarily a real colonel.

vivendo na mesma serra
magra e ossuda em que eu vivia.
Somos muitos Severinos
iguais em tudo na vida:
na mesma cabeça grande
que a custo é que se equilibra,
no mesmo ventre crescido
sôbre as mesmas pernas finas,
e iguais também porque o sangue
que usamos tem pouca tinta.
E se somos Severinos
iguais em tudo na vida,
morremos de morte igual,
mesma morte severina:
que é a morte de que se morre
de velhice antes dos trinta,
de emboscada antes dos vinte,
de fome um pouco por dia
(de fraqueza e de doença
é que a morte severina
ataca em qualquer idade,
e até gente não nascida).
Somos muitos Severinos
iguais em tudo e na sina:
a de abrandar estas pedras
suando-se muito em cima,
a de tentar despertar
terra sempre mais extinta,
a de querer arrancar
algum roçado da cinza.
Mas, para que me conheçam
melhor Vossas Senhorias
e melhor possam seguir
a história de minha vida,
passo a ser o Severino
que em vossa presença emigra.

living on the same thin,
bony mountain where I lived.
There are lots of Severinos;
we are exactly alike:
exactly the same big head
that's hard to balance properly,
the same swollen belly
on the same skinny legs,
alike because the blood
we use has little color.
And if we Severinos
are all the same in life,
we die the same death,
the same Severino death.
The death of those who die
of old age before thirty,
of an ambuscade before twenty,
of hunger a little daily.
(The Severino death
from sickness and from hunger
attacks at any age,
even the unborn child.)
We are many Severinos
and our destiny's the same:
to soften up these stones
by sweating over them,
to try to bring to life
a dead and deader land,
to try to wrest a farm
out of burnt-over land.
But, so that Your Excellencies
can recognize me better
and be able to follow better
the story of my life,
I'll be the Severino
you'll now see emigrate.

II

ENCONTRA DOIS HOMENS CARREGANDO UM DEFUNTO
NUMA RÊDE, AOS GRITOS DE: "Ó IRMÃOS DAS ALMAS!
IRMÃOS DAS ALMAS! NÃO FUI EU QUE MATEI NÃO!"

—A quem estais carregando,
　irmãos das almas,
　embrulhado nessa rêde?
　dizei que eu saiba.
—A um defunto de nada.
　irmão das almas,
　que há muitas horas viaja
　à sua morada.
—E sabeis quem era êle,
　irmãos das almas,
　sabeis como êle se chama
　ou se chamava?
—Severino Lavrador,
　irmão das almas,
　Severino Lavrador,
　mas já não lavra.
—E de onde que o estais trazendo,
　irmãos das almas,
　onde foi que começou
　vossa jornada?
—Onde a Caatinga é mais séca.
　irmão das almas,
　onde uma terra que não dá
　nem planta brava.
—E foi morrida essa morte,
　irmãos das almas,
　essa foi morte morrida
　ou foi matada?

II

HE MEETS TWO MEN CARRYING A CORPSE IN A HAMMOCK
AND CRYING, "BROTHERS OF SOULS! BROTHERS OF SOULS!
I DIDN'T KILL HIM, NOT I!"

—Whom are you carrying,
   brothers of souls,
   wrapped in that hammock?
   kindly inform me.
—A defunct nobody,
   brother of souls,
   travelling long hours to
   his resting place.★
—Do you know who he was,
   brothers of souls?
   Do you know what his name is,
   or what it was?
—Severino Farmer,
   brother of souls,
   Severino Farmer,
   farming no more.
—From where do you bring him,
   brothers of souls?
   Where did you start out
   on your long journey?
—From the dryest of lands,
   brother of souls,
   from the land where not even
   wild plants will grow.
—Did he die of this death,
   brothers of souls,
   was it this death he died of,
   or was he killed?

★The "brothers of souls" refrain refers to a religious sect in the north of Brazil, one
of whose duties is the burial of the pauper dead.

—Até que não foi morrida,
    irmão das almas,
    esta foi morte matada,
    numa emboscada.
—E o que guardava a emboscada,
    irmãos das almas,
    e com que foi que o mataram,
    com faca ou bala?
—Este foi morto de bala,
    irmão das almas,
    mais garantido é de bala,
    mais longe vara.
—E quem foi que o emboscou,
    irmãos das almas,
    quem contra êle soltou
    essa ave-bala?
—Ali é difícil dizer,
    irmão das almas,
    sempre há uma bala voando
    desocupada.
—E o que havia êle feito
    irmãos das almas,
    e o que havia êle feito
    contra a tal pássara?
—Ter uns hectares de terra,
    irmão das almas,
    de pedra e areia lavada
    que cultivava.
—Mas que roças que êle tinha,
    irmãos das almas,
    que podia êle plantar
    na pedra avara?
—Nos magros lábios de areia.
    irmão das almas,
    dos intervalos das pedras,
    plantava palha.

—It wasn't that death,
   brother of souls,
   it was death by killing,
   in ambuscade.
—And who hid in ambush,
   brothers of souls?
   And with what did they kill him,
   a knife or a bullet?
—This was a bullet death,
   brother of souls.
   A bullet's more certain
   (it goes in deeper).
—And who was it ambushed him,
   brothers of souls,
   who let this bullet bird
   out, to harm him?
—That's hard to answer,
   brother of souls,
   there's always a bullet
   idle and flying.
—But what had he done,
   brothers of souls,
   what had he done,
   to harm such a bird?
—He owned a few acres,
   brother of souls,
   of stone and leeched sand
   he cultivated.
—But did he have fields,
   brothers of souls,
   how could he plant
   on the barren rock?
—In the thin lips of sand,
   brother of souls,
   in the stones' intervals,
   he planted straw.

—E era grande sua lavoura,
irmãos das almas,
lavoura de muitas covas,
tão cobiçada?
—Tinha sòmente dez quadros,
irmão das almas,
todos nos ombros da serra,
nenhuma várzea.
—Mas então por que o mataram,
irmãos das almas,
mas então por que o mataram
com espingarda?
—Queria mais espalhar-se,
irmão das almas,
queria voar mais livre
essa ave-bala.
—E agora o que passará,
irmãos das almas,
o que é que acontecerá
contra a espingarda?
—Mais campo tem para soltar,
irmão das almas,
tem mais onde fazer voar
as filhas-bala.
—E onde o levais a enterrar,
irmãos das almas,
com a semente de chumbo
que tem guardada?
—Ao cemitério de Tôrres,
irmão das almas,
que hoje se diz Toritama,
de madrugada.
—E poderei ajudar,
irmãos das almas?
vou passar por Toritama,
é minha estrada.

—And was his farm big,
   brothers of souls,
   was his farm so big
   that they coveted it?
—He had only two acres,
   brother of souls,
   on the mountain's shoulder,
   and neither one level.
—Then why did they kill him,
   brothers of souls,
   why did they kill him
   with a shotgun?
—It wanted to spread itself,
   brother of souls,
   this bullet bird wanted
   to fly more freely.
—And now what will happen,
   brothers of souls,
   will measures be taken
   against that gun?
—It has more space to fly in,
   brother of souls,
   more space and more bullets
   to teach to fly.
—And where will you bury him,
   brothers of souls,
   with the seed still in him,
   the seed of lead?
—In the graveyard of Torres,
   brother of souls,
   (now Toritama)
   at break of day.
—And can I help you,
   brothers of souls,
   since I pass Toritama,
   it's on my way.

—Bem que poderá ajudar,
   irmão das almas,
   é irmão das almas quem ouve
   nossa chamada.
—E um de nós pode voltar,
   irmão das almas,
   pode voltar daqui mesmo
   para sua casa.
—Vou eu, que a viagem é longa,
   irmãos das almas,
   é muito longa a viagem
   e a serra à alta.
—Mais sorte tem o defunto,
   irmãos das almas,
   pois já não fará na volta
   a caminhada.
—Toritama não cai longe,
   irmão das almas,
   seremos no campo santo
   de madrugada.
—Partamos enquanto é noite,
   irmão das almas,
   que é o melhor lençol dos mortos
   noite fechada.

XIV

APARECEM E SE APROXIMAM DA CASA DO HOMEM VIZINHOS,
AMIGOS, DUAS CIGANAS, ETC.

—Todo o céu e a terra
   lhe cantam louvor.
   Foi por êle que a maré
   esta noite não baixou.
—Foi por êle que a maré

94

—Yes, you can help us,
    brother of souls,
    it's a brother of souls
    who hears our call.
—And then go back,
    brother of souls,
    you can go back
    from there to your home.
—I'll go back; it's far,
    brothers of souls,
    it's a long day's march
    and the mountain is high.
—The defunct is luckier,
    brothers of souls,
    since he won't be going
    the long way back.
—Toritama is near,
    brother of souls,
    we'll reach holy ground
    by break of day.
—Let's go while it's night,
    brothers of souls,
    for the dead's best shroud
    is a starless night.

XIV

[A Child Has Just Been Born]
NEIGHBORS, FRIENDS, TWO GYPSIES, ET AL. ARRIVE AND
STAND TALKING IN THE DOORWAY OF THE MAN'S HOUSE

—All the heaven and earth
    are singing in his praise.
    It was for him the tide
    didn't go out tonight.
—It was for him the tide

fêz parar o seu motor:
a lama ficou coberta
e o mau-cheiro não voou.
—E a alfazema do sargaço,
ácida, desinfetante,
veio varrer nossas ruas
enviada do mar distante.
—E a língua sêca de esponja
que tem o vento terral
veio enxugar a umidade
do encharcado lamaçal.
—Todo o céu e a terra
lhe cantam louvor
e cada casa se torna
num mucambo sedutor.
—Cada casebre se torna
no mucambo modelar
que tanto celebram os
sociólogos do lugar.
—E a banda de maruins
que tôda noite se ouvia
pro causa dêle, esta noite,
creio que não irradia.
—E êste rio de água cega,
ou baça, de comer terra,
que jamais espelha o céu,
hoje enfeitou-se de estrêlas.

made its motor stop.
The mud stayed covered up
and the stench didn't rise.
—And Sargasso lavender,
acid and disinfectant,
came to sweep our streets,
sent from the distant sea.
—And the sponge-dry tongue
of wind from the interior
came to suck the moisture
out of the stagnant puddle.
—All the heaven and earth
are singing in his praise.
And every house becomes
an inviting refuge.
—Every hut becomes
the kind of ideal refuge
highly thought of by
the sociologists.
—The orchestra of mosquitoes
that broadcasts every night,
because of him, I think,
is off the air tonight.
—And this river, always blind,
opaque from eating dirt,
that never reflects the sky,
has adorned itself with stars.

Translated by Elizabeth Bishop

Quaderna

A mulher e a casa

Tua sedução é menos
de mulher do que de casa:
pois vem de como é por dentro
ou por detrás da fachada.

Mesmo quando ela possui
tua plácida elegância,
esse teu reboco claro,
riso franco de varandas,

uma casa não é nunca
só para ser contemplada;
melhor: somente por dentro
é possível contemplá-la.

Seduz pelo que é dentro,
ou será, quando se abra:
pelo que pode ser dentro
de suas paredes fechadas;

pelo que dentro fizeram
com seus vazios, com o nada;
pelos espaços de dentro,
não pelo que dentro guarda;

pelos espaços de dentro:
seus recintos, suas áreas,
organizando-se dentro
em corredores e salas,

os quais sugerindo ao homem
estâncias aconchegadas,

The Woman and the House

Your seduction is less
a woman's than that of a house:
because it comes just like a house,
within or behind its façade.

Even when it possesses
your placid elegance,
that clear plaster cast of yours,
frank laughter of verandas,

a house is never
solely for contemplation;
better yet: only from within
is it possible to contemplate it.

It seduces by what is inside
or will be, when it should open,
by what it can be
inside its closed walls;

by whatever was done inside
with its hollows, with nothingness;
by the interior spaces,
not by what it holds inside;

by the interior spaces:
their enclosures, their areas,
organizing themselves within
into corridors and chambers,

those suggesting to man
cozy retreats

paredes bem revistidas
ou recessos bons de cavas,

exercem sobre esse homem
efeito igual ao que causas:
a vontade de corrê-la
por dentro, de visitá-la.

well appointed walls
or nooks quite deep,

they exercise on that man
the same effect you cause:
the desire to meander through,
to visit within.

Translated by Djelal Kadir

Imitação da água

De flanco sôbre o lençol,
paisagem já tão marinha,
a uma onda deitada,
na praia, te parecias.

Uma onda que parava
ou melhor: que se continha;
que contivesse um momento
seu rumor de fôlhas líquidas.

Uma onda que parava
naquela hora precisa
em que a pálpebra da onda
cai sôbre a própria pupila.

Uma onda que parara
ao dobrar-se, interrompida,
que imóvel se interrompesse
no alto de sua crista

e se fizesse montanha
(por horizontal e fixa),
mas que ao se fazer montanha
continuasse água ainda.

Uma onda que guardasse
na praia cama, finita,
a natureza sem fim
do mar de que participa,

e em sua imobilidade,
que precária se adivinha,

Imitation of Water

On the sheet, on your side,
already so marine a scene,
you were looking like a wave
lying down on the beach.

A wave that was stopping
or better: that was refraining;
that would contain a moment
its murmur of liquid leaves.

A wave that was stopping
at that precise hour
when the eyelid of the wave
drops over its own pupil.

A wave that was stopping
in breaking, interrupted,
would stop itself, immobile,
at the height of its crest

and would make itself a mountain
(being horizontal and fixed)
but in becoming a mountain
would yet continue to be water.

A wave that would keep,
in a seashore bed, finite,
the nature without end
that it shares with the sea,

and in its immobility,
guessed to be precarious,

o dom de se derramar
que as águas faz femininas

mais o clima de águas fundas,
a intimidade sombria
e certo abraçar completo
que dos líquidos copias.

the gift of overflowing
that makes the waters feminine,

and the climate of deep waters,
the shadowy intimacy,
and a certain full embrace
you copy from the liquids.

Translated by Ashley Brown

Serial

A cana dos outros

1

Esse que andando *planta*
os rebolos de cana
nada e do Semeador
que se sonetizou.

É o seu menos um gesto
de amor que de comércio;
e a cana, como a joga,
não planta: joga fora.

2

Leva o eito o compasso,
na *limpa,* contra o mato,
bronco e alheadamente
de quem faz e não entende.

De quem não entendesse
porque só é mato este;
porque limpar do mato,
não, da cana, limpá-lo.

3

Num *cortador* de cana
o que se vê é a sanha
de quem derruba um bosque:
não o amor de quem colhe.

Sanha fúria, inimiga,
feroz, de quem mutila,
de quem sem mais cuidado.
abre trilha no mato.

Someone Else's Sugarcane

1

The one who walks and plants
the joints of sugarcane
in no way is the Sower
that has been sonetized.

His gesture is less a gesture
of love than of commerce;
the way he throws the cane,
he does not plant: he throws away.

2

Weeding the land, they work
in unison, to the cadence of hoes,
rough and disinterested,
of those who do without understanding.

As men who do not understand
why only this is weed,
rank and to be cleared,
but this, sugarcane, not.

3

In the sugarcane cutter
what is seen is the anger
that brings down a forest
not the love of a harvest.

The fury, anger, ferocious
enmity of one who mutilates,
of one who, without care,
hacks a trail through the woods.

4

A gente funerária
que cuida da finada
nem veste seus despojos:
ata-a em feixes de ossos.

E quando o enterro chega,
coveiro sem maneiras
tomba-a na *tumba-moenda:*
tumba viva, que a prensa.

4
The folks from the funeral home
in charge of the deceased,
instead of dressing the remains
bind them in bundles of bones.

When the procession arrives
the crude undertaker chucks
the can in the tomb-press
to be pressed in the living grave.

Translated by
Ricardo da Silveira Lobo Sternberg

Escritos com o corpo

Ela tem tal composição
e bem entramada sintaxe
que só se pode apreendê-la
em conjunto: nunca em detalhe.

Não se vê nenhum termo, nela,
em que a atenção mais se retarde,
e que, por mais significante,
possua, exclusivo, sua chave.

Nem é possível dividi-la,
como a uma sentença, em partes;
menos, do que nela é sentido,
se conseguir uma paráfrase.

E assim como, apenas completa,
ela é capaz de revelar-se,
apenas um corpo completo
tem, de apreendê-la, faculdade.

Apenas um corpo completo
e sem dividir-se em análise
será capaz do corpo a corpo
necessário a quem, sem desfalque,

queira prender todos os temas
que pode haver no corpo frase:
que ela, ainda sem se decompor,
revela então, em intensidade.

Written with the Body

Such is her composition
and articulate syntax
that she is apprehended
only in the sum, never in parts.

There is no single term
where attention is arrested;
or that, however significant,
exclusively holds her key.

Nor can she be parsed
like a sentence; impossible
to derive a paraphrase
from what in her is sense.

And just as, only complete
is she capable of revelation,
only another body, complete,
has the faculty to apprehend her.

Only a body in its completeness
undivided by analysis
can engage in the *corps a corps*
needed by whomever, not reducing,

wants to capture all the themes
inscribed in that body-phrase
that she, composure intact,
reveals with such intensity.

§   De longe como Mondrians
    em reproduções de revista
    ela só mostra a indiferente
    perfeição da geometria.

    Porém de perto, o original
    do que era antes correção fria,
    sem que a câmara da distância
    e suas lentes interfiram,

    porém de perto, ao olho perto,
    sem intermediárias retinas,
    de perto, quando o olho é tacto,
    ao olho imediato em cima,

    se descobre que existe nela
    certa insuspeitada energia
    que aparece nos Mondrians
    se vistos na pintura viva.

    E que porém de um Mondrian
    num ponto se diferencia:
    em que nela essa vibração,
    que era de longe impercebida,

    pode abrir mão da cor acesa
    sem que um Mondrian não vibra,
    e vibrar com a textura em branco
    da pele, ou da tela, sadia.

    Quando vestiodo unicamente
    com a macieza nua dela,
    não apenas sente despido:
    sim, de uma forma mais completa.

§   Seen from afar, like a Mondrian
reproduced in a magazine,
she betrays only the indifferent
perfection of geometry.

Up close, however, the original,
seen before as cold correctness,
free of the interfering camera
of distance and its lenses;

up close, however, the close eye
free of extraneous retinas;
up close, when sight is tactile;
to the quick and naked eye

one can discern in her
an unsuspected energy
revealed by the Mondrian
when seen in the canvas.

Yet in one respect
she differs from a Mondrian:
what in her is vibrant
and goes unnoticed from afar

can forego the flame of colors
without which a Mondrian is static,
can vibrate with the white texture
of wholesome skin, or canvas.

When he is dressed with only
her smooth nakedness
he feels more than undressed:
feels more completely so.

§ Então, de fato, está despido,
senão dessa roupa que é ela.
Mas essa roupa nunca veste:
despe de uma outra mais interna.

É que o corpo quando se veste
de ela roupa, da seda ela,
nunca sente mais definido
como com as roupas de regra.

Sente ainda mais que despido:
pois a pele dele, secreta,
logo se esgarça, e eis que ele assume
a pele dela, que ela empresta.

Mas também a pele emprestada
dura bem pouco enquanto véstia:
com pouco, ela toda, também,
já se esgarça, se desespessa,

até acabar por nada ter
nem de epiderme nem de seda:
e tudo acabe confundido,
nudez comum, sem mais fronteira.

§ Está, hoje que não está,
numa memória mais de fora.
De fora: como se estivesse
num tipo externo de memória.

Numa memória para o corpo,
externa ao corpo, como bolsa:
que como bolsa, a certos gestos,
o corpo que a leva abalroa.

§   He is, in fact, undressed
save for the clothes which she is
but these he does not wear:
internal ones slip off.

When the body dresses itself
with she-clothes, with she-silk
it feels itself more defined
than it does when wearing clothes.

It feels itself more than undressed
for its secret skin
soon unravels and it assumes
her skin, which she lets him borrow.

But the borrowed skin also
does not last long as clothes
for very easily she too
unravels and is divested

until she's left with nothing,
neither skin, nor silk:
all is mingled, common
nakedness, without boundaries.

§   She is, when she is not here,
held by an outside memory.
Outside: as if she were held
by an external type of memory.

A memory for the body,
external to it, like a purse.
Like a purse, certain gestures
cause it to touch the body.

Memória exterior ao corpo
e não da que de dentro aflora;
e que, feita que é para o corpo,
carrega presenças corpóreas.

Pois nessa memória é que ela,
inesperada, se incorpora:
na presença, coisa, volume,
imediata ao corpo, sólida,

e que ora é volume maciço,
entre os braços, neles envolta,
e que ora é volume vazio,
que envolve o corpo, ou o acoita:

como o de uma coisa maciça
que ao mesmo tempo fosse oca,
que o corpo teve, onde já esteve,
e onde o ter e o estar igual fora.

A memory external to the body
not the one growing inside;
and that, since intended for the body,
carries corporeal presences.

So it is within this memory
that she, unexpectedly, is embodied
in the presence, thingness, volume
of a body, solidly there

and that is now dense volume
in the arms and held by them,
and that is now hollow volume
that surrounds and shelters the body

as something that was both dense
and hollow at the same time
that the body had, where it was
as if the having and the being were one.

Translated by Ricardo da Silveira Lobo Sternberg

O sim contra o sim

Marianne Moore, em vez de lápis,
emprega quando escreve
instrumento cortante:
bisturi, simples canivete.

Ela aprendeu que o lado claro
das coisas é o anverso
e por isso as disseca:
para ler textos mais corretos.

Com mão direta ela as penetra,
com lápis bisturi,
e com êles compõe,
de volta, o verso cicatriz.

E porque é limpa a cicatriz,
econômica, reta,
mais que o cirurgião
se admira a lâmina que opera.

Francis Ponge, outro cirurgião,
adota uma outra técnica:
gira-as nos dedos, gira
ao redor das coisas que opera.

Apalpa-as com todos os dez
mil dedos da linguagem:
não tem bisturi reto
mas um que se ramificasse.

Com êle envolve tanto a coisa
que quase a enovela

Yes Against Yes

Marianne Moore, refusing a pen,
writes her stanzas
with a cutting edge,
a common jackknife or scalpel.

She discovered that the clear side
of things is the obverse,
and therefore dissects them
to read more honest texts.

She enters with her right hand
and scalpel pen
to compose, on leaving,
a neatly stitched poem.

And since the scar is clean,
sparse and straight,
more than the surgeon
one admires the surgical blade.

Francis Ponge, also a surgeon,
uses a different technique, turning
in his fingers the things he operates
and turning himself around them.

He handles them with all ten
thousand fingers of language;
his is not a straight scalpel
but one with many branches.

With it he so wraps up
the thing, he almost winds it

e quase, a enovelando,
se perde, enovelado nela.

E no instante em que até parece
que já não a penetra,
êle entra sem cortar:
saltou por descuidada fresta.

Miró sentia a mão direita
demasiado sábia
e que de saber tanto
já não podia inventar nada.

Quis então que desaprendesse
o muito que aprendera,
a fim de reencontrar
a linha ainda fresca da esquerda.

Pois que ela não pôde, êle pôs-se
a desenhar com esta
até que, se operando,
no braço direito êle a enxerta.

A esquerda (se não se é canhoto)
é mão sem habilidade:
reaprende a cada linha,
cada instante, a recomeçar-se.

Mondrian, também, da mão direita
andava desgostado;
não por ser ela sábia:
porque, sendo sábia, era fácil.

into a ball and loses
himself, wound up inside it.

And just when it would seem
he can no longer penetrate,
he enters without cutting,
through a crack that went unseen.

Miró felt that his right hand
was too intelligent
and that knowing so much
it could no longer invent.

He wanted it to unlearn
all it had learned
so as to recover
his left hand's still fresh curve.

Since this was impossible, he began
to draw with the left hand,
attaching it at last
to his right arm by a graft.

The left hand (unless one is left–
handed) lacks ability;
every line is a relearning,
every instance a new beginning.

Mondrian regarded his right hand
with just as much distrust,
not for being intelligent,
but because it was easy as such.

Assim, não a trocou de braço:
queria-a mais honesta
e por isso enxertou
outras mais sábias dentro dela.

Fêz-se enxertar réguas, esquadros
e outros utensílios
para obrigar a mão
a abandonar todo improviso.

Assim foi que êle, à mão direita,
impôs tal disciplina:
fazer o que sabia
como se o aprendesse ainda.

He did not give it a new arm;
he wanted it to be truer.
So he grafted other
more intelligent ones into it.

He grafted rulers, T-squares
and other instruments
that forced his hand
to abandon all impulsiveness.

Thus he imposed on his right hand
this discipline:
to do what it knew
as if it were still learning.

Translated by Richard Zenith

A educação pela pedra

A educação pela pedra

Uma educação pela pedra: por lições;
para aprender da pedra, freqüentá-la;
captar sua voz inenfática, impessoal
(pela de dicção ela começa as aulas).
A lição de moral, sua resistência fria
ao que flui e a fluir, a ser maleada;
a de poética, sua carnadura concreta;
a de economia, seu adensar-se compacta:
lições da pedra (de fora para dentro,
cartilha muda), para quem soletrá-la.

Outra educação pela pedra: no Sertão
(de dentro para fora, e pré-didática).
No Sertão a pedra não sabe lecionar,
e se lecionasse, não ensinaria nada;
lá não se aprende a pedra: lá a pedra,
uma pedra de nascença, entranha a alma.

Education by Stone

An education by stone: through lessons,
to learn from the stone: to go to it often,
to catch its level, impersonal voice
(by its choice of words it begins its classes).
The lesson in morals, the stone's cold resistance
to flow, to flowing, to being hammered:
the lesson in poetics, its concrete flesh:
in economics, how to grow dense compactly:
lessons from the stone, (from without to within,
dumb primer), for the routine speller of spells.

Another education by stone: in the backlands
(from within to without and pre-didactic place).
In the backlands stone does not know how to lecture,
and, even if it did would teach nothing:
you don't learn the stone, there: there, the stone,
born stone, penetrates the soul.

Translated by James Wright

O mar e o canavial

O que o mar sim aprende do canavial:
a elocução horizontal de seu verso;
a geórgica de cordel, ininterrupta,
narrada em voz e silêncio paralelos.
O que o mar não aprende do canavial;
a veemência passional da preamar;
a mão-de-pilão das ondas na areia,
moída e miúda, pilada do que pilar.

O que o canavial sim aprende do mar:
o avançar em linha rasteira da onda;
o espraiar-se minucioso, de líquido,
alagando cova a cova onde se alonga.
O que o canavial não aprende do mar:
o desmedido do derramar-se da cana;
o comedimento do latifúndio do mar,
que menos lastradamente se derrama.

The Sea and the Canefield

The sea does learn from the canefield
the horizontal eloquence of its verse,
georgics of the newsstand, uninterrupted,
spoken aloud and parallel in silence.
The sea does not learn from the canefield
to rise in a passionate tide,
a pestle pounding the beach,
crushing the sand, making it finer.

The canefield does learn from the sea
to advance in a creeping line,
to spread itself out, liquid,
hole by hole up to the tideline.
The canefield does not learn from the sea
how the sugarcane is always flowing;
that the sea is held, and flows
less heavily, for it is held.

Translated by Louis Simpson

O canavial e o mar

1.

O que o mar sim ensina ao canavial:
o avançar em linha rasteira da onda;
o espraiar-se minucioso, de líquido,
alagando cova a cova onde se alonga.
O que o canavial sim ensina ao mar:
a elocução horizontal de seu verso;.
a geórgica de cordel, ininterrupta,
narrada em voz e silêncio paralelos.

2.

O que o mar não ensina ao canavial:
a veemência passional da preamar;
a mão-de-pilão das ondas na areia,
moída e miúda, pilada do que pilar.
O que o canavial não ensina ao mar:
o desmedido do derramar-se da cana;
o comedimento do latifúndio do mar,
que menos lastradamente se derrama.

The Canefield and the Sea

1.

What the sea does teach the canefield:
to advance in a creeping line,
to spread itself out
hole by hole up to the tideline.
The canefield does teach the sea
the horizontal eloquence of its verse,
georgics of the newsstand, uninterrupted,
spoken aloud and parallel in silence.

2.

What the sea does not teach the canefield:
to rise in a passionate tide;
a pestle pounding the beach,
crushing the sand, making it finer.
The canefield does not teach the sea:
how the sugarcane is always flowing;
that the sea is held, and flows
less heavily, for it is held.

Translated by Louis Simpson

Tecendo a manhã

1.

Um galo sozinho não tece uma manhã:
êle precisará sempre de outros galos.
De um que apanhe êsse grito que êle
e o lance a outro; de um outro galo
que apanhe o grito que um galo antes
e o lance a outro; e de outros galos
que com muitos outros galos se cruzem
os fios de sol de seus gritos de galo,
para que a manhã, desde uma teia tênue,
se vá tecendo, entre todos os galos.

2.

E se encorpando em tela, entre todos,
se erguendo tenda, onde entrem todos,
se entretendendo para todos, no tôldo
(a manhã) que plana livre de armação.
A manhã, toldo de um tecido tão aéreo
que, tecido, se eleva por si: luz balão.

Weaving the Morning

1.

One rooster does not weave a morning,
he will always need the other roosters,
one to pick up the shout that he
and toss it to another, another rooster
to pick up the shout that a rooster before him
and toss it to another, and other roosters
with many other roosters to criss-cross
the sun-threads of their rooster-shouts
so that the morning, starting from a frail cobweb,
may go on being woven, among all the roosters.

2.

And growing larger, becoming cloth,
pitching itself a tent where they all may enter,
inter-unfurling itself for them all, in the tent
(the morning), which soars free of ties and ropes—
the morning, tent of a weave so light
that, woven, it lifts itself through itself: balloon light.

Translated by Galway Kinnell

Fábula de um arquiteto

1.

A arquitetura como construir portas,
de abrir; ou como construir o aberto;
construir, não como ilhar e prender,
nem construir como fechar secretos;
construir portas abertas, em portas;
casas exclusivamente portas e tecto.
O arquiteto: o que abre para o homem
(tudo se sanearia desde casas abertas)
portas por-onde, jamais portas-contra;
por onde, livres: ar luz razão certa.

2.

Até que, tantos livres o amedrontando,
renegou dar a viver no claro e aberto.
Onde vãos de abrir, êle foi amurando
opacos de fechar; onde vidro, concreto;
até refechar o homem: na capela útero,
com confortos de matriz, outra vez feto.

Tale of an Architect

1.

Architecture: the art of building doors
to open up—the building of openness;
building not to isolate and hem in
nor to shut up secrets, but building
every door an open door—building
houses made only of doors and roofs.
Architect: the one who opens to man
(in open houses all would be cleansed)
doors-leading-to, never doors-against;
doors to freedom: air light sure reason.

2.

Until, intimidated by so many free men,
he stopped letting them live transparently.
Where there were openings he put in
opacities; instead of glass, plaster—
resealing man in the chapel-uterus
with the old comforts, once more a fetus.

Translated by Richard Zenith

Rios sem discurso

A Gabino Alejandro Carriedo

Quando um rio corta, corta-se de vez
o discurso-rio de água que ele fazia;
cortado, a água se quebra em pedaços,
em poços de água, em água paralítica.
Em situação de poço, a água equivale
a uma palavra em situação dicionária:
isolada, estanque no poço dela mesma,
e porque assim estanque, estancada;
e mais: porque assim estancada, muda,
e muda porque com nenhuma comunica,
porque cortou-se a sintaxe desse rio,
o fio de água por que ele discorria.

      *

O curso de um rio, seu discurso-rio,
chega raramente a se reatar de vez;
um rio precisa de muito fio de água
para refazer o fio antigo que o fez.
Salvo a grandiloqüência de uma cheia
lhe impondo interina outra linguagem,
um rio precisa de muita água em fios
para que todos os poços se enfrasem:
se reatando, de um para outro poço,
em frases curtas, então frase e frase,
até a sentença-rio do discurso único
em que se tem voz a seca ele combate.

Speechless Rivers

To Gabino Alejandro Carriedo

When a river cuts, it cuts completely
the discourse its water was speaking;
cut, the water breaks into pieces,
into pools of water, paralyzed water.
Situated in a pool, water resembles
a word in its dictionary situation:
isolated, standing in the pool of itself
and, because it is standing, stagnant.
Because it is standing, it is mute,
and mute because it doesn't communicate,
because this river's syntax, the current
of water on which it ran, was cut.

*

The course of a river, its river-discourse,
can rarely be swiftly restored;
a river needs considerable water current
to remake the current that made it.
Unless the grandiloquence of a flood
imposes for a time an intervening language,
a river needs many currents of water
for all of its pools to be phrased—
being restored from one pool to the next
into short phrases, then phrase to phrase,
until the river-sentence of the only discourse
in which it can speak will defy the drought.

Translated by Richard Zenith

Catar feijão

A Alexandre O'Neill

1.

Catar feijão se limita com escrever:
joga-se os grãos na água do alguidar
e as palavras na da folha de papel;
e depois, joga-se fora o que boiar.
Certo, toda palavra boiará no papel,
água congelada, por chumbo seu verbo:
pois para catar esse feijão, soprar nele,
e jogar fora o leve e oco, palha e eco.

2.

Ora, nesse catar feijão entra um risco:
o de que entre os grãos pesados entre
um grão qualquer, pedra ou indigesto,
um grão imastigável, de quebrar dente.
Certo não, quando ao catar palavras:
a pedra dá à frase seu grão mais vivo:
obstrui a leitura fluviante, flutual,
açula a atenção, isca-a com o risco.

Culling Beans

For Alexandre O'Neill

1.

Culling beans is not unlike writing:
You toss the kernels into the water of the clay pot
and the words into that of a sheet of paper;
then, you toss out the ones that float.
Indeed, all words will float on the paper,
frozen water, its verb a lead sinker:
in order to cull that bean, blow on it,
and toss out the frivolous and hollow, the chaff and the echo.

2.

Now, there is a risk in that bean-culling:
the risk that among those heavy seeds there
may be some any-old kernel, of stone or study-matter,
an unchewable grain, a tooth-breaker.
Not so, for culling words:
the stone gives the phrase its most vivid seed:
it obstructs flowing, floating reading,
it incites attention, luring it with risk.

Translated by Djelal Kadir

Os vazios do homem

1.

Os vazios do homem não sentem ao nada
do vazio qualquer: do do casaco vazio,
do da saca vazia (que não ficam de pé
quando vazios, ou o homem com vazios);
os vazios do homem sentem a um cheio
de uma coisa que inchasse já inchada;
ou ao que deve sentir, quando cheia,
uma saca: todavia não, qualquer saca.
Os vazios do homem, êsse vazio cheio,
não sentem ao que uma saca de tijolos,
uma saca de rebites; nem têm o pulso
que bate numa de sementes, de ovos.

2.

Os vazios do homem, ainda que sintam
a uma plenitude (gôra mas presença)
contêm nadas, contêm apenas vazios:
o que a esponja, vazia quando plena;
incham do que a esponja, de ar vazio,
e dela copiam certamente a estrutura:
tôda em grutas ou em gotas de vazio,
postas em cachos de bolha, de não-uva.
Êsse cheio vazio sente ao que uma saca
mas cheia de esponjas cheias de vazio;
os vazios do homem ou vazio inchado:
ou o vazio que inchou por estar vazio.

The Emptiness of Man

1.

The emptiness of man is not like
any other: not like an empty coat
or empty sack (things which do not stand up
when empty, such as an empty man),
the emptiness of man is more like fullness
in swollen things which keep on swelling,
the way a sack must feel
that is being filled, or any sack at all.
The emptiness of man, this full emptiness,
is not like a sack of bricks' emptiness
or a sack of rivets', it does not have the pulse
that beats in a seed bag or bag of eggs.

2.

The emptiness of man, though it resembles
fullness, and seems all of a piece, actually
is made of nothings, bits of emptiness,
like the sponge, empty when filled,
swollen like the sponge, with air, with empty air;
it has copied its very structure from the sponge,
it is made up in clusters, of bubbles, of non-grapes.
Man's empty fullness is like a sack
filled with sponges, is filled with emptiness:
man's emptiness, or swollen emptiness,
or the emptiness that swells by being empty.

Translated by Galway Kinnell

O urubu mobilizado

1.
Durante as sêcas do Sertão, o urubu,
de urubu livre, passa a funcionário.
O urubu não retira, pois prevendo cedo
que lhe mobilizarão a técnica e o tacto,
cala os serviços prestados e diplomas,
que o enquadrariam num melhor salário,
e vai acolitar os empreiteiros da sêca,
veterano, mas ainda com zelos de novato:
aviando com eutanásia o morto incerto,
êle, que no civil quer o morto claro.

2.
Embora mobilizado, nêsse urubu em ação
reponta logo o perfeito profissional.
No ar compenetrado, curvo e conselheiro,
no todo de guarda-chuva, na unção clerical,
com que age, embora em pôsto subalterno:
êle, um convicto profissional liberal.

The Drafted Vulture

1.

When the droughts hit the backland they make
the vulture into a civil servant—free no more.
He doesn't try to escape. He's known for a long time
that they'd put his technique and his touch to use.
He says nothing of services rendered, of diplomas
which entitle him to better pay.
He serves the drought-dealers like an altar-boy,
with a green-horn zeal, veteran though he is,
mercifully dispatching some who may not be dead,
when in private life he cares only for bona fide corpses.

2.

Though the vulture's a conscript, you can soon tell
from his demeanor that he's a real professional:
his self-conscious air, hunched and advisory,
his umbrella-completeness, the clerical smoothness
with which he acts, even in a minor capacity—
an unquestioning liberal professional.

Translated by W. S. Merwin

O sertanejo falando

1.

A fala a nível do sertanejo engana:
as palavras dêle vem, como rebuçadas
(palavras confeito, pílula), na glace
de uma entonação lisa, de adocicada.
Enquanto que sob ela, dura e endurece
o caroço de pedra, a amêndoa pétrea,
dessa árvore pedrenta (o sertanejo)
incapaz de não se expressar em pedra.

2.

Daí porque o sertanejo fala pouco:
as palavras de pedra ulceram a bôca
e no idioma pedra se fala doloroso;
o natural dêsse idioma fala à fôrça.
Daí também porque êle fala devagar:
tem de pegar as palavras com cuidado,
confeitá-las na língua, rebuçá-las;
pois toma tempo todo êsse trabalho.

The Man from Up-Country Talking

1.

The man from up-country disguises his talk:
the words come out of him like wrapped-up candy
(candy words, pills) in the icing
of a smooth intonation, sweetened.
While under the talk the core of stone
keeps hardening, the stone almond
from the rocky tree back where he comes from:
it can express itself only in stone.

2.

That's why the man from up-country says little:
the stone words ulcerate the mouth
and it hurts to speak in the stone language;
those to whom it's native speak by main force.
Furthermore, that's why he speaks slowly:
he has to take up the words carefully,
he has to sweeten them with his tongue, candy them;
well, all this work takes time.

Translated by W. S. Merwin

Duas das festas da morte

Recepções de cerimônia que dá a morte:
o morto, vestido para um ato inaugural;
e ambíguamente: com a roupa do orador
e a da estátua que se vai inaugurar.
No caixão, meio caixão meio pedestal,
o morto mais se inaugura do que morre;
e duplamente: ora sua própria estátua
ora seu próprio vivo, em dia de posse.

Piqueniques infantis que dá a morte:
os enterros de criança no Nordeste:
reservados a menores de treze anos,
impróprios a adultos (nem o seguem).
Festa meio excursão meio piquenique,
ao ar livre, boa para dia sem classe;
nela, as crianças brincam de boneca,
e aliás, com uma boneca de verdade.

Two of the Festivals of Death

Solemn receptions given by death:
death, dressed for an unveiling;
and ambiguously: dressed like an orator
and like the statue that's to be unveiled.
In the coffin, half coffin half pedestal,
death unveils himself more than he dies;
and in duplicate: now he's his own statue,
now he's himself, alive, for the occasion.

Children's picnics given by death:
children's funerals in the northeast:
no one over thirteen admitted,
no adults allowed, even walking behind.
Party half outing, half picnic,
in the open air, nice for a day when school's out;
the children who go play dolls
or else that's what they really are.

Translated by W. S. Merwin

Museu de tudo

A insônia de Monsieur Teste

Uma lucidez que tudo via,
como se à luz ou se de dia;
e que, quando de noite, acende
detrás das pálpebras o dente
de uma luz ardida, sem pele,
extrema, e que de nada serve:
porém luz de uma tal lucidez
que mente que tudo podeis.

The Insomnia of Monsieur Teste

A lucidity which sees everything,
as if by lamp- or daylight,
and which, at nightfall, turns on
behind the eyelids the tooth
of a sharp and skinless light,
extreme and serving for nothing:
a light so lucid it fools you
into thinking you can do everything.

Translated by Richard Zenith

O artista inconfessável

Fazer o que seja é inútil.
Não fazer nada é inútil.
Mas entre fazer e não fazer
mais vale o inútil do fazer.
Mas não, fazer para esquecer
que é inútil: nunca o esquecer.
Mas fazer o inútil sabendo
que ele é inútil, e bem sabendo
que é inútil e que seu sentido
não será sequer pressentido,
fazer: porque ele é mais difícil
do que não fazer, e dificil-
mente se poderá dizer
com mais desdém, ou então dizer
mais direto ao leitor Ninguém
que o feito o foi para ninguém.

The Unconfessing Artist

Doing this or that is futile.
Not doing anything is futile.
But between doing and not doing,
better the futility of doing.
But no, doing to forget
is what's futile—never the forgetting.
But one can do what's futile knowing
it's futile, and although knowing
it's futile and that its sense
cannot in any way be sensed,
still do: for it is harder
than not doing, and hardly
will one be able to say
with more disdain, or say
more plainly to the reader Nobody
that what was done was for nobody.

Translated by Richard Zenith

Catecismo de Berceo

1. Fazer com que a palavra leve
   pese como a coisa que diga,
   para o que isolá-la de entre
   o folhudo em que se perdia.

2. Fazer com que a palavra frouxa
   ao corpo de sua coisa adira:
   fundi-la em coisa, espessa, sólida,
   capaz de chocar com a contígua.

3. Não deixar que saliente fale:
   sim, obrigá-la à disciplina
   de proferir a fala anônima,
   comum a todas de uma linha.

4. Nem deixar que a palavra flua
   como rio que cresce sempre:
   canalizar a água sem fim
   noutras paralelas, latente.

Berceo's Catechism

1. Make the light word weigh
   as much as the thing it tells
   to isolate it from among
   all the leaves it was lost in.

2. Make the loose word adhere
   to the body of its referent:
   smelt it into a thick and solid thing,
   able to clash with the one next to it.

3. Don't let its speech stick out
   but impose the discipline
   of speaking anonymously—
   just another word in the line.

4. And don't let the word flow,
   like a river that keeps growing,
   but channel the endless water
   into parallel, unseen streams.

Translated by Richard Zenith

Exeção: Bernanos, que se dizia escritor de sala de jantar

Por que é o mesmo o pudor
de escrever e defecar?
Não há o pudor de comer,
de beber, de incorporar,
e em geral tem mais pudor
quem pede do que quem dá.
Então por que quem escreve,
se escrever é afinal dar,
evita gente por perto
e procura se isolar?

Escrever é estar no extremo
de si mesmo, e quem está
assim se exercendo nessa
nudez, a mais nua que há,
tem pudor de que outros vejam
o que deve haver de esgar,
de tiques, de gestos falhos,
de pouco espetacular
na torta visão de uma alma
no pleno estertor de criar.

(Mas no pudor do escritor
o mais curioso está
em que o pudor de fazer
é impudor de publicar:
com o feito, o pudor se faz
se exibir, se demonstrar,
mesmo nos que não fazendo
profissão de confessar,
não fazem para se expor
mas dar a ver o que há.)

Exception: Bernanos, Who Called Himself a Dining-Room Writer

Why is it the same modesty
in writing as in defecating?
No modesty applies to eating
to drinking, to incorporating
and, usually, there's more modesty
in the asking than in the giving.
Why then does the writer,
if writing is after all a giving,
avoid having people nearby
and try to be alone?

to write is to reach the extreme
of oneself; whoever is there
writing from within this nudity,
the most naked that one can be,
does not want others to see
what there is of grimace,
of tics, of revealing gestures,
of little that is spectacular
in the skewed vision of a soul
in the strain of creation.

(But in the writer's modesty
the most curious is that
the modesty of creation
ceases with publication;
once the thing is done,
modesty turns to exhibition;
even those who do not
confess as a profession
do it now not to expose themselves
but to allow others to see what there is.)

Translated by Ricardo da Silveira Lobo Sternberg

A lição de pintura

Quadro nenhum está acabado,
disse certo pintor;
se pode sem fim continuá-lo,
primeiro, ao além de outro quadro

que, feito a partir de tal forma,
tem na tela, oculta, uma porta
que dá a um corredor
que leva a outra e a muitas outras.

The Lesson of Painting

No painting is ever finished,
a certain painter said;
it could be continued endlessly,
first, beyond another painting

that, properly executed, has,
hidden in the canvas, a door
that leads to a corridor that opens
up to another and to many others.

Translated by Djelal Kadir

O autógrafo

Calma ao copiar estes versos
antigos: a mão já não treme
nem se inquieta; não é mais a asa
no vôo interrogante do poema.
A mão já não devora
tanto papel; nem se refreia
na letra miúda e desenhada
com que canalizar sua explosão.
O tempo do poema não há mais;
há seu espaço, esta pedra
indestrutível, imóvel, mesma:
e ao alcance da memória
até o desespero, o tédio.

Autograph

Calm while copying these old verses,
the hand no longer trembles
nor is it disconcerted; it is
no longer the wing of the poem's inquiring flight.
The hand no longer consumes
so much paper; nor does it limit
itself to the minutely drawn letter
with which to channel its explosion.
The poem's time is no more;
only its space, this stone
indestructible, immobile, self-same:
and within memory's reach,
the point of tedium and despair.

Translated by Djelal Kadir

Agrestes

Homenagem a Paul Klee

Nele houve o insano projeto
de envelhecer sem rotina:
e ele o viveu, despelando-se
de toda pele que o tinha.

Sem medo, lavava as mãos
do que até então vinha sendo:
de noite, saltava os muros,
saía a novos serenos.

In Honor of Paul Klee

He had in him the mad project
of growing old outside routines;
and thus he lived, peeling away
any skin that would contain him.

Fearless, he would wash his hands
of all that he had until then been;
at night he jumped the wall
to stand in the air of a new night.

Translated by
Ricardo da Silveira Lobo Sternberg

Dúvidas apócrifas de Marianne Moore

Sempre evitei falar de mim,
falar-me. Quis falar de coisas.
Mas na seleção dessas coisas
não haverá um falar de mim?

Não haverá nesse pudor
de falar-me uma confissão,
uma indireta confissão,
pelo avesso, e sempre impudor?

A coisa de que se falar
até onde está pura ou impura?
Ou sempre se impõe, mesmo impura-
mente, a quem dela quer falar?

Como saber, se há tanta coisa
de que falar ou não falar?
E se o evitá-la, o não falar,
é forma de falar da coisa?

Apocryphal Doubts of Marianne Moore

I have always avoided speaking of me,
speaking myself. I wanted to speak of things.
But, in the selection of those things,
might there not be a speaking of me?

Might that modesty of speaking myself
not contain a confession,
an oblique confession,
in reverse, and ever immodest?

How pure or impure
is the thing spoken of?
Or does it always impose itself, impurely
even, on anyone wishing to speak of it?

How is one to know, with so many things
to speak or not to speak of?
And if the avoidance of speech
itself be a way of speaking of things?

Translated by Djelal Kadir

Homenagem renovada a Marianne Moore

Cruzando desertos de frio
que a pouca poesia não ousa,
chegou ao extremo da poesia
quem caminhou, no verso, em prosa.
E então mostrou, sem pregação,
com a razão de sua obra pouca,
que a poesia não é de dentro,
que é como casa, que é de fora;
que embora se viva de dentro
se há de construir, que é uma coisa
que quem faz faz para fazer-se
—muleta para a perna coxa.

Renewed Homage to Marianne Moore

Crossing deserts of coldness
which slight poetry will not risk,
she who walked through verse
in prose arrived at poetry's limit.
She was able to show, without preaching,
by the reason of her spare work,
that poetry is not on the inside,
that it is like a house, on the outside,
and before one lives inside it
it must be built—this something
one makes to make oneself able,
this crutch for the one who is lame.

Translated by Richard Zenith

A W. H. Auden

Já não descontarei o cheque
que certo dia me mandaste:
"A João Cabral de Melo Neto,
com dez mil amizades, Auden."

Como a morte encerrou tuas contas
de libras, dólares, amizade,
hoje só resta a conta aberta
de teus livros de onde sacar-se.

E de onde há muito que sacar:
como botar prosa no verso,
como transmudá-la em poesia,
como devolver-lhe o universo

de que falou; como livrá-la
de falar em poesia, língua
que se estreitou na cantilena
e é estreita de coisas e rimas.

To W. H. Auden

No longer shall I be drawing
on the check that one fine day you sent me:
"To João Cabral de Melo Neto
in friendship ten-thousand-fold" signed "Auden."

Since death closed out your accounts
in pounds, dollars, and friendship,
today all that is left is the sum
of your books for me to draw upon.

From them there is a great deal to withdraw:
like adding prose to verse,
like transforming it into poetry,
like giving it back the universe

of which it speaks; like freeing it
from speaking in poetry, a language
that squeezed itself into ballad form
and is rigorous in its objects and its rhymes.

Translated by Alastair Reid

O último poema

Não sei quem me manda a poesia
nem se Quem disso a chamaria.

Mas quem quer que seja, quem for
esse Quem (eu mesmo, meu suor?),

seja mulher, paisagem ou o não
de que há preencher os vãos,

fazer, por exemplo, a muleta
que faz andar minha alma esquerda,

ao Quem que se dá à inglória pena
peço: que meu último poema

mande-o ainda em poema perverso,
de antilira, feito em antiverso.

The Last Poem

I don't know who sends me poetry
nor whether Who would call it that.

But whoever it may be, whoever
might be that Who (myself, my sweat?),

be it woman, landscape, or the negations
with which one must fill the void,

to make, for example, the crutch
that keeps my crooked soul going,

to Whomever should fall the inglorious task
I ask: may my last poem be delivered

as antilyric poem, as perverse,
made into antiverse.

Translated by Djelal Kadir

Sobre Elizabeth Bishop

Quem falar como ela falou
levará a lente especial:
não agranda e nem diminui,
essa lente filtra o essencial

que todos vemos mas não vemos
até o chegar a falar dele:
o essencial que filtra está vivo
e inquieto como qualquer peixe.

Não se sabe é a sábia receita
que faz sua palavra essencial
conservar aceso num livro
o aço do peixe inaugural.

On Elizabeth Bishop

Whoever would speak as she did
will carry a special lens:
one that neither magnifies nor reduces,
a lens that filters the essential

which we all see but do not see
until we come to speak of it:
the filtered essential is alive
and restless like any fish.

Unknown is the knowing
formula that makes her essential word
preserve in a book the burning
steel of the inaugural fish.

                    Translated by Djelal Kadir

A água da areia

Podem a ablução, os muçulmanos,
com areia, se não têm água;
fazem da areia um outro líquido,
eficaz igual no que lava.

A areia pode lavar neles
qualquer espécie de pecado;
na ablução ela flui como a água,
dissolve o mal mais empedrado.

The Water of Sand

The Muslims can perform their ablutions
with sand, should there be no water;
they make an other liquid of sand,
just as efficient in what it washes.

The sand can wash in them
any kind of sin;
in ablutions it flows like water,
dissolving the most stone-hard evil.

Translated by Djelal Kadir

A rede ou o que Sevilha não conhece

Há uma lembrança para o corpo,
a tua: é a de um abraço de rede,
esse abraço de corpo inteiro
de qualquer rede do Nordeste,
da rede que tua Andaluzia,
que é tão da sesta, não conhece,
e mais que abraço, é o abraçar
de tudo o que pode estar nele;
é abraço sem fora e sem dentro,
é como vestir outra pele
que ele possui e que o possui,
uma rede nas veias, febre.

The Hammock, or What Seville Does Not Know

There is a memory for the body,
a memory of you; the embrace of a hammock,
that embrace of the whole body
by any hammock in the Northeast,
the hammock that your Andalusia,
so much given to the siesta, does not know;
and more than embrace, it is the embracing
of everything that might be in it;
it is an embrace without outside or inside,
like putting on another skin
that one possesses and that possesses one,
a hammock in one's veins, a fever.

Translated by Djelal Kadir

Crime na Calle Relator

Crime na Calle Relator

"Achas que matei minha avó?
O doutor à noite me disse:
ela não passa desta noite;
melhor para ela, tranqüilize-se.

À meia-noite ela acordou;
não de todo, a sede somente;
e pediu: *Dáme pronto, hijita,
una poquita de aguardiente.*

Eu tinha só dezessais anos;
só, em casa com a irmã pequena:
como poder não atender
a ordem da avó de noventa?

Já vi gente ressuscitar
com simples gole de cachaça
e *arrancarse por bulerías*
gente da mais encorujada.

E mais: se o doutor já dissera
que da noite não passaria
por que negar uma vontade
que a um condenado se faria?

Fui a esse bar do Pumarejo
quase esquina de San Luís;
comprei de fiado uma garrafa
de aguardente (*cazalla* e anis)

que lhe dei cuidadosamente
como uma poção de farmácia,

Crime in Calle Relator

"Do you think I killed grandmother?
That night the doctor had told me
she would not see the morning;
better for her, I should rest easy.

At midnight she woke up;
not completely, only from thirst,
and asked: *Please, my hijita,*
bring me a little aguardiente.

I was only sixteen; at home,
along with a younger sister:
how not to heed the wishes
of a grandmother who was ninety?

I have seen a drop of *cachaça*
bring people back from the dead,
seen the forlorn suddenly
throw themselves into *bulerias*.

And more: had the doctor not said
she would not make it through the night?
Why should I deny her the wishes
a condemned man would be granted?

I went to the bar at Pumarejo,
near the corner of San Luis;
On credit I bought a bottle
of aguardiente (*cazalla* and anise)

which I ministered to her
in dosages, as if from the pharmacy,

medida, como uma poção,
como não se mede a cachaça;

que lhe dei com colher de chá
como remédio de farmácia:
Hijita, bebí lo bastante,
disse com ar de comungada.

Logo então voltou a dormir
sorrindo em si como beata,
um semi-sorriso de *gracias*
aos santos óleos da garrafa.

De manhã acordou já morta,
e embora fria e de madeira,
tinha defunta o riso ainda
que a aguardente lhe acendera."

measured in dosages the way
one never measures *cachaça*;

ministered by the teaspoon
as if medicine from the pharmacy:
hijita, that's enough,
she said as if after communion.

She fell asleep right away
and with such a pious smile,
a half-smile of *gracias*
for the bottle's holy oils.

She woke up dead in the morning
and despite being cold, like wood,
she kept in death the smile
lit up by the *aguardiente*."

Translated by
Ricardo da Silveira Lobo Sternberg

Sevilha andando

Sevilha andando

Só com andar pode trazer
a atmosfera Sevilha, cítrea
o formigueiro em festa
que faz o vivo de Sevilha.

Ela caminha qualquer onde
como se andasse por Sevilha.
Andaria até mesmo o inferno
em mulher da *Panadería*.

Uma mulher que sabe ser
mulher e centro do ao redor,
capaz de na *Calle* Regina
ou até num claustro ser o sol.

Uma mulher que sabe ser-se
e ser Sevilha, ser sol, desafia
o ao redor, e faz do ao redor
astros de sua astronomia.

Walking Seville

Just in walking she brings back
the citreous atmosphere Seville,
the anthill celebration
of what is alive in Seville.

She walks any wherever
as if she walked Seville.
Even hell she would walk
as a woman back from the bakery.

A woman who knows how to be
woman and center of the all-around-her
in Calle Regina or in a cloister
can easily become the sun.

A woman who knows how to be
herself, Seville, the sun
makes of what's around her
stars in her own astronomy.

Translated by Ricardo da Silveira Lobo Sternberg

Sol negro

Acordar é voltar a ser,
re-acender num escuro cúbico;
e os primeiros passos que dou
em meu re-ser são inseguros.

Re-ser em tal escuridão
é como navegar sem bússola.
Eu a tenho, ali, a meu lado,
num sol negro de massa escura:

que é a de tua cabeleira,
farol às avessas, sem luz,
e que me orienta a consciência
com a luz cigana que reluz.

Black Sun

To awaken is to return to being
to be re-lit in a dark cubicle;
the first steps that I take
in this re-being are tentative.

To again be in such darkness
is a sailing without compass.
I have my compass by my side,
the dark expanse of a black sun

which is your hair,
inverse lighthouse, lightless,
that gives me direction
with the gypsy light it beams.

Translated by
Ricardo da Silveira Lobo Sternberg

Dois castelhanos em Sevilha

Foi o Convento dos Jesuítas,
e mais tarde a Universidade,
onde um tempo Pedro Salinas
ditava aos gritos suas classes;

mais gritava do que ditava
e gritava de tal maneira
que tinha alunos não inscritos,
sérios, nas calçadas fronteiras.

Depois, veio Jorge Guillén;
porém como falava baixo
e não o podiam escutar,
foram-se os imatriculados.

Imagino-o soprando as aulas,
como soprou sempre a poesia
que fez, com régua e com esquadro.
Dura mais a voz menos viva?

Como seja, se não chegava
sequer às calçadas fronteiras,
foi mais longe o fio dessa voz.
Filtrava entre os guarda-fronteiras.

Two Castilians in Seville

It was at the Convent of the Jesuits
and later at the University
where Padro Salinas for a time
taught his classes at the top of his voice;

more than explaining he was exclaiming,
and he'd holler to the point of having
unregistered students, serious ones,
on the sidewalks across the street.

Then came Jorge Guillén;
since he spoke softly
and could not be heard,
the unregistered students went away.

I imagine him whispering his classes,
as he whispered the poetry he made
with ruler and quadrant.
Is a less vivid voice more lasting?

At any rate, if it did not reach
even the sidewalk across the street,
that voice threaded its way much farther.
It filtered across all checkpoints.

Translated by Djelal Kadir

Bibliography of Works by
João Cabral de Melo Neto

Poetry

Pedra do sono. Recife: Privately published, 1942.

Os três mal-amados. In *Revista do Brasil* (1943).

O engenheiro. Rio de Janeiro: Amigos da Poesia, 1945.

Psicologia da composição com a fábula de Anfion e Antiode. Barcelona: O Livro Inconsútil, 1947.

O cão sem plumas. Barcelona: O Livro Inconsútil, 1950.

Poemas reunidos. Rio de Janeiro: Ordenou, 1954. Includes the earlier books as well as *Os três mal-amados*.

O rio ou relação da viagem que faz o Capibaribe de sua nascente à cidade do Recife. São Paulo: Comissão do IV Centenário da Cidade de São Paulo, 1954. Winner of the José de Achieta Prize.

Pregão turistico. Recife: Aloísio Magelhães, 1955.

Duas águas. Rio de Janeiro: José Olympio, 1956. Collected poems, augmenting the 1954 *Poemas reunidos* with *O rio* and the hitherto unpublished *Morte e vida severina*, *Paisagens com figuras*, and *Uma faca só lâmina*.

Aniki Bobó. Recife: Aloísio Magalhães, 1958.

Quaderna. Lisbon: Guimarães, 1960.

Dois parlamentos. Madrid: Editora do Autor, 1961.

Terceira feira. Rio de Janeiro: Editora do Autor, 1961. Includes *Quaderna, Dois parlamentos,* and the hitherto unpublished *Serial*.

Poemas escolhidos. Lisbon: Portugália, 1963.

Antologia poética. Rio de Janeiro: Editora do Autor, 1965.

Morte e vida severina. São Paulo: Teatro da Universidade Católica de São Paulo, 1965.

Morte e vida severino e outros poemas em voz alta. Rio de Janeiro: Editora do Autor, 1966.

A educação pela pedra. Rio de Janeiro: Editora do Autor, 1966.

Funeral de um lavrador. São Paulo: Editora Musical Arlequim, 1967.

Poesias completas (1940–1965). Rio de Janeiro: Sabiá, 1968.

Museu de tudo (1966–1974). Rio de Janeiro: José Olympio, 1975.

A escola das facas. Rio de Janeiro: José Olympio, 1980.

Poesia critica. Rio de Janeiro: José Olympio, 1982. Anthology.
Auto do frade. Rio de Janeiro: Nova Fronteira, 1984.
Agrestes. Rio de Janeiro: Nova Fronteira, 1985.
Os melhores poemas de João Cabral. Edited by Antônio Carlos Secchin. Rio de Janeiro: Global, 1985.
Crime na Calle Relator. Rio de Janeiro: Nova Fronteira, 1987.
Museu de tudo e depois. Rio de Janeiro: Nova Fronteira, 1988.
Poemas pernambucanos. Rio de Janeiro: Nova Fronteira, 1988.
Sevilha andando. Rio de Janeiro: Nova Fronteira, 1989.
Primeiros poemas. Edited by Antônio Carlos Secchin. Rio de Janeiro: Universidade Federal do Rio de Janeiro, 1990.

Prose

Considerações sobre o poeta dormindo. In *Renovação* (Recife). 1941. Address to the First Recife Poetry Conference.
Joan Miró. Barcelona: Ediciones de 10c, 1950. Republished in 1952 by the Ministry of Education and Culture in Rio de Janeiro.
A Geração de 45. In *Diário Carioca* (Rio de Janeiro), 23–30 November, 7–21 December 1952. Position paper.
Poesia e composição / A inspiração e o trabalho de Arte. In *Revista Brasileira de Poesia* (São Paulo) 7 (April 1956). Address at the Library of the Brazilian Poetry Club.
Da função moderna da poesia. In *Anais do Congresso Internacional de Escritores e Encontros Intelectuais*. São Paulo: Anhembi. 1957. Address to the International Congress of Writers in São Paulo, 1954.

UNIVERSITY PRESS OF NEW ENGLAND

publishes books under its own imprint and is the publisher for Brandeis University Press, Brown University Press, University of Connecticut, Dartmouth College, Middlebury College Press, University of New Hampshire, University of Rhode Island, Tufts University, University of Vermont, Wesleyan University Press, and Salzburg Seminar.

ABOUT THE AUTHOR

João Cabral de Melo Neto is a Brazilian poet and diplomat. His books include *Pedra do sono, O cão sem plumas, Morte e vida Severina, Uma faca só lâmina,* and *O Rio,* for which he received the Premio do Quarto Centenario da Cidade de São Paulo. He has served as a diplomat in Spain, England, and Switzerland and as an administrative officer in the Brazilian Ministry of Agriculture. Cabral is also the recipient of the Anchieta Prize, the Brazilian Academy of Letters Prize, and, most recently, the Neustadt International Prize for Literature.

ABOUT THE EDITOR

Djelal Kadir is Distinguished Professor of Literature at the University of Oklahoma, editor of *World Literature Today,* and chairman for the Neustadt International Prize for Literature. He is the author of *Questing Fictions: Latin America's Family Romance; Columbus and the Ends of the Earth: Europe's Prophetic Rhetoric as Conquering Ideology;* and *The Other Writing.*

Library of Congress Cataloging-in-Publication Data
Cabral de Melo Neto, João, 1920–
　　[Selections. 1994]
　　Selected poetry, 1937–1990 / João Cabral de Melo Neto : Djelal
Kadir, editor : with translations by Elizabeth Bishop . . . et al.].
　　　　p.　cm. — (Wesleyan poetry)
　　English and Portuguese.
　　Includes bibliographical references and index.
　　ISBN 0–8195–2217–1
　　1. Cabral de Melo Neto, João, 1920–　　—Translations into English.
I. Kadir, Djelal. II. Title III. Series.
PQ9697.M463A26　　1994
869.1—dc20　　　　　　　　　　　　　　　　94–17252